总主编　卓永强

渔业船员培训系列教材

渔船基本安全

（普通船员）

主　编　卓永强
副主编　邱其清　尹　辉　陈红英
主　审　杜林海

大连海事大学出版社

图书在版编目(CIP)数据

渔船基本安全：普通船员 / 卓永强主编. — 大连：大连海事大学出版社，2018.5(2025.3 重印)
渔业船员培训系列教材 / 卓永强主编
ISBN 978-7-5632-3646-6

Ⅰ.①渔… Ⅱ.①卓… Ⅲ.①渔船—船员—安全培训—教材 Ⅳ.①U676.2

中国版本图书馆 CIP 数据核字(2018)第 082889 号

大连海事大学出版社出版

地址:大连市黄浦路523号 邮编:116026 电话:0411-84729665(营销部) 84729480(总编室)

http://press.dlmu.edu.cn E-mail:dmupress@dlmu.edu.cn

大连金华光彩色印刷有限公司印装 大连海事大学出版社发行

2018 年 5 月第 1 版 2025 年 3 月第 7 次印刷

幅面尺寸:184 mm×260 mm 印张:8.25

字数:199 千 印数:34001~37000 册

出版人:刘明凯

责任编辑:苏炳魁 责任校对:刘长影

封面设计:解瑶瑶 郑贺心 版式设计:张爱妮

ISBN 978-7-5632-3646-6 定价:42.00 元

总　序

中国大陆海岸线长达18 000多千米，岛屿海岸线长达14 000多千米，管辖海域约为300万平方千米，属于海洋大国。中国海域蕴藏着丰富的资源，特别是海洋渔业资源，中国近海和外海鱼类最大持续渔获量约为735万吨。2016年我国渔业人口约为2016.96万人，其中传统渔民678.46万人，渔业从业人员1414.85万人。高素质的渔业船员队伍是实现渔业安全生产和渔业经济持续健康发展的重要基础。为适应海洋渔业资源开发形势的发展，规范全国渔业船员教育培训工作，推动《中华人民共和国渔业船员管理办法》实施，广东海洋大学组织在渔业船员培训领域有着丰富教学和培训经验的专家编写了此套"渔业船员培训系列教材"，并组织教学和实践经验丰富的航海类专业的教授、船长和轮机长对教材进行了审定，以提高培训质量，提高渔业船员的综合素质。

"渔业船员培训系列教材"的出版是渔业船员培训工作的一件大事，满足了广大渔业船员备考之需，对提高教学、培训质量和我国渔业船员整体素质具有积极作用，同时也对《中华人民共和国渔业船员管理办法》的实施起到了很好的推动作用。

在本套教材出版之际，我衷心希望广大渔业船员刻苦学习，认真实践，不断提高自己的文化和业务素质，为渔业生产安全和防止水域污染、保护海洋环境做出更大贡献。

在此，谨向参加教材编写工作的同志及为此付出过辛勤劳动的同志们表示衷心的感谢！同时希望大家继续为建设海洋强国而努力！

中国海洋学会理事长

2018年3月

内容提要

本书共分七章，第一章海上求生，介绍了渔船常见的海损事故，求生者在海上求生时面临的危险和困难；救生设备的种类及使用方法；海上落水人员待救措施。第二章船舶消防，介绍了消防设备的使用、船舶火灾的分类及特点，熟悉各种灭火方法。第三章应急措施，介绍了应变部署、渔船船员需培训和演习的相关知识，以及常见的应急种类和应急程序。第四章海上急救，介绍了消毒灭菌法及化学消毒剂的种类和使用范围；急救基本技术；常见意外伤害及急症的急救措施；急救药箱、药物的使用原则及注意事项；船员存在的心理健康问题及调适的方法。第五章海上防污要求，介绍了海上污染控制要求、油污的应急处置方法、油污应急设备及使用。第六章渔业安全生产操作规程，介绍了航行前、航行时、锚泊时、作业时、绑靠时、装卸货时及其他安全操作。第七章渔业相关法律法规和管理制度概要，介绍了相关的法律法规和管理制度。

本书为渔业船员适任考试培训教材，也可供渔业监督管理机构和渔业船员培训机构人员学习参考。

前 言

为提高渔业船员培训质量，根据农业部颁布的《中华人民共和国渔业船员管理办法》和《农业部办公厅关于印发渔业船员考试大纲的通知》的要求，广东海洋大学组织在渔业船员培训领域有着丰富教学和培训经验的专家编写了本套“渔业船员培训系列教材”，并组织教学和实践经验丰富的航海类专业的教授、船长和轮机长对教材进行了审定。

在编写教材前，编者对渔业船员现状进行了调研。在准确把握渔业船员应具备的业务素质的前提下，本套教材的编写以应知应会的知识技能为基础，注重理论与实际相结合，强调船员对相关法律法规的学习与掌握。

本套教材作为渔业船员适任考试培训教材，能够满足渔业船员适任考试培训的需要，为船员的业务学习提供帮助，从而提高渔业船员整体素质。本套教材还可供渔业监督管理机构和渔业船员培训机构人员学习参考，以促进渔业监督管理水平和考前培训质量的提高。

本套教材分高级船员驾驶专业、高级船员轮机专业、基本知识及安全技能3部分，共10种。其中，高级船员驾驶专业包括《航海与气象》《渔船船艺与操纵》《渔船避碰与值班》《渔船船舶管理》4种教材，适合船长、船副适任考试培训使用；高级船员轮机专业包括《渔船动力装置》《渔船辅机》《渔船电气》《渔船轮机管理》4种教材，适合轮机长、管轮适任考试培训使用；基本知识及安全技能包括《小型渔船机驾》和《渔船基本安全》2种教材。本套教材由卓永强教授担任总主编，范少勇副教授、船长和余培文博士担任副总主编。

《渔船基本安全》由卓永强担任主编，邱其清、尹辉和陈红英担任副主编。其中，第一章和第三章由尹辉编写，第二章和第五章由邱其清编写，第四章由陈红英编写，第六章和第七章由卓永强编写。全书由卓永强教授统稿。

本书由大连海事大学杜林海船长、高级实验师主审。

教材在编写过程中编者得到了农业部办公厅领导和专家的关心和指导，相关海洋渔业部门和船公司对教材编写也提供了热情的帮助和支持，在此一并表示感谢！

由于编者水平有限，加上时间仓促，书中难免存在错误和疏漏，欢迎广大读者和专家批评指正。

编 者

2017年9月

目 录

第一章　海上求生

第一节　概　述

当渔船发生海难事故而被迫弃船时，船上所有人员应该充分利用一切救生设备、海上求生知识和技能，沉着冷静地面对海上的危险和困难，尽量延长遇险人员的生存时间，增加更多的获救机会，直至脱险获救或自救成功，这就是海上求生。

一、海上求生的一般原则及意义

1. 海上求生的一般原则

当渔船发生海难事故并将导致船舶沉没时，船员在万不得已的情况下只得弃船求生。因此，要求遇险人员在进行海上求生时，首先必须掌握海上求生的一般原则：

(1)保持坚定的求生意志和信念。

(2)采取各种有效措施保护自己，避免使自己处于不利的环境中而受到伤害。

(3)合理分配、使用淡水和食物，积极搜寻淡水和食物。

(4)保持救生艇筏在难船附近海面漂浮，沉着冷静等待救援。

2. 海上求生训练的意义

在茫茫无际的大海上，船员留在船上要比漂泊在海上安全。但是，在遇到海难不得不选择弃船时，船上工作人员必须掌握相关的海上求生知识和技能，因此，这就要求每位在船上工作的人员接受严格的海上求生训练，提高各种求生技能，增强求生意识，提高生存信心，从而增加遇险人员在海上生存获救的机会，减少经济损失和人员伤亡。

二、海难的种类和性质

海难，是指渔船在海上遭遇自然灾害或其他意外事故所造成的危难。海难可能给生命、财产造成巨大损失。海难的种类很多，大致有搁浅(触礁)、碰撞、抵碰、火灾、爆炸、灌沉、漏沉、倾覆、失踪、损坏、灭失、冰损等。

(1)搁浅是指故意或者非故意使船舶与海底接触，并由于重力作用使船舶固定在其接触的海底上的事故。

(2)碰撞是指两艘或者两艘以上在航船舶之间的相互接触,并伴有严重损坏发生的事故。

(3)抵碰是指在航船舶与固定物体或不在航船舶之间的相互接触,并伴有严重损坏发生的事故。

(4)火灾是指第一项灾情为失火的事故。

(5)爆炸是指第一项灾情为爆炸的事故。

(6)灌沉是指由于水从船舶水线以上部位灌入船内而导致的沉没。

(7)漏沉是指由于水从船舶水线以下部位灌入船内而导致的沉没。

(8)倾覆是指船体翻转,其后沉没或未沉没。

(9)失踪是指船舶因不明原因失去音信(通常为60天以上)。

(10)损坏是指船体或设备受到损坏,但船舶残骸尚存。

(11)灭失是指船舶残骸已经不存在的船损。

(12)冰损是指船舶与冰接触而导致的损坏。

三、海上求生者的主要危险与求生要素

当渔船发生海难,船员弃船后将面临很多的危险。在求生过程中,每一位人员必须采取积极有效的行动,并且具备一定的海上求生要素才能获救。

(一)海上求生者的主要危险

1. 溺水

求生者落入水中,首先遇到的威胁就是溺水。如果不能及时获救,就会有溺毙的危险。

2. 暴露

弃船后,求生者丧生的一个主要原因是身体暴露在寒冷环境中,特别是暴露在低温的水中。由于水中的散热速度比陆地上的散热速度要大很多,人浸泡在水中,特别是低温的水中时,会使体热迅速地散失,致使人在短时间内体温下降甚至昏迷死亡。另外,寒冷也会降低人的行动能力,使人的思维变得迟缓,并且严重影响人的求生意志。即使求生者暴露在寒冷的空气中,也会使人体热量很快散失,容易造成身体组织冻伤,严重时会因体温下降过快、过低而危及生命。人暴露在酷热的气候条件下,身体会造成日光性的灼伤,体内水分因过快丧失而引发求生者中暑或器官衰竭。

3. 晕浪

求生者在救生艇筏上晕浪也是常常碰到的难题。救生艇筏在海上经常遭遇各种海浪袭击,并且救生艇筏体积较小,导致其在海面上剧烈地摇摆,必然会导致求生者出现头晕、呕吐、疲劳、面色苍白、出冷汗、唾液分泌增多等晕浪症状。晕浪引起的过度呕吐不但会使求生者大量失水,更重要的是还会使人精神萎靡,导致求生者丧失求生意志和失去海上求生的信心。

4. 缺乏饮水和食物

经验表明,人在有粮缺水时,只能维持数天的生命;而在有水缺粮时,可生存数周。由于救生艇筏上配备的淡水和食物是有限的,海水又不可饮用,因此缺乏饮水和粮食成为求生者弃船

后丧生的一个重要原因。

5. 受伤和疾病

若船员在海上求生过程中受伤或患病,由于受条件限制往往无法得到及时救治,部分伤员会因此丧命,同时,受伤和疾病也会严重动摇求生者的求生意志。

6. 悲观与恐惧

在海上求生过程中,由于求生者处在一种极其危险的环境中,经历各种意想不到的困难,求生者会产生各种悲观和恐惧心理,甚至产生绝望情绪,这种情绪也容易使求生者思维混乱,失去为生存而斗争的力量和信心。

7. 遇难者位置不明

船舶发生海难时,由于设备、人员、环境等原因没有及时、有效地将遇险信息发送给附近的船舶和岸台,致使救援者无法明确遇难船舶出事的位置;或者受外部恶劣天气的影响而导致救生艇筏严重漂移,远离出事地点;或者救生艇筏上的人员没有采取合理、有效的手段表明其所在位置而延误或失去获救的机会。

(二)海上求生者的求生要素

1. 救生设备

据统计,海上具有救生设备的待救人,约有94%的获救机会。因此,救生设备是海上求生的第一要素。船上常见的救生设备主要有:救生艇、救生筏、救生衣、救生圈及其他救生设备。

2. 求生知识

求生知识包括求生者如何使用救生设备,发生紧急情况时每个人的职责、应采取的相应措施和各种脱险方法,以及弃船后的行动和求生要领等,它是海上求生过程中获救的基本条件。

3. 求生意志

在海上求生过程中,求生者的生存环境极其恶劣,会面临各种困难。求生者除了具备必要的求生设备和求生知识外,如果没有顽强的求生意志就很难存活下来。无数实例可以证明,海上求生成功者,往往并非体力上的最强者,但肯定是精神上的最强者。

第二节 救生设备

为了保证船员的安全,渔船必须配置各类救生设备,如救生艇、救生筏、救生衣、救生通导设备及其他救生设备等。

一、救生艇

救生艇是弃船时能维持遇险人员生命的小艇。

(一)渔船救生艇(筏)的配备

每艘渔船救生艇(筏)的配备要求应符合表1-1所示。

表1-1　渔船救生艇(筏)配备标准 (船长L,单位:m)

	$L\geq75$		$75>L\geq45$		$45>L\geq24$	$L<24$
	一般标准	替代标准	一般标准	替代标准		
救生艇(筏)	方案1:每舷100%	—	每舷100%	—	100%	100%
	方案2:每舷50%①	—	—	—	—	—
救生筏	方案2: 50%	100%	—	100%	—	—
船尾自由降落的救生艇	—	100%	—	100%	—	—
救生艇(筏)总容量	方案1:200%; 方案2:150%①	200%	200%	200%	100%	100%
救助艇	1②		1②		—	—

①符合分舱要求,破舱稳性衡准和加强的防火结构衡准的最小值;

②当船上配有1只满足救助艇要求且在救助作业后能回收的救生艇时可免配。

(二)救生艇的种类和存放

1. 救生艇的种类

目前,船上常用的救生艇按结构形式不同,可分为开敞式救生艇(如图1-1所示)和全封闭式救生艇,如图1-2所示。

图1-1　开敞式救生艇

图1-2　全封闭式救生艇

2. 救生艇的存放

救生艇一般存放于船尾,靠近船舶起居处所的艇架处,同时在救生艇附近设有集合站,在集合站以及通往集合站的通道、楼梯和出入口设有应急照明灯及逃生路线。

3. 渔船救生艇的施放及登乘方法

(1)施放前脱开船舷两根保护链,解下艏艉缆并系妥。

(2)布置好登乘梯。

(3)脱开艇前后保险销及钢丝绳并使之清爽。

(4)放下救生艇至艇甲板边缘。

(5)指定人员进入救生艇并塞牢艇底塞,同时起动艇机。

(6)解开前后止荡索。

(7)打开救生艇制动设备保险销,使用电动释放或手动抬起刹车杆的方法进行操作,以适当的速度降至水面,人员登上救生艇。

(8)解脱前后缆绳,拉下艇内自动脱钩装置。

(9)迅速驶离大船。

(10)回收救生艇程序与以上步骤相反,最后需查验吊起艇臂是否回到限位器位置并使之整体牢固。

二、救生筏

气胀式救生筏(简称救生筏,如图1-3所示)是在船舶遇险时船员使用的一种救生设备,是用橡胶、尼龙布等材料制成,用气体充胀成圆形或椭圆形带有顶篷的小筏。它能迅速地被释放到水面上并漂浮于水面之上供船员们登乘。各种救生筏均具有一定的浮力,有遮风、防雨、御寒的顶篷和存有供求生人员食用的口粮和饮用的淡水以及必要的属具备品。其特点是体积小、重量轻、操作简单方便。其缺点主要表现在:无自航能力;只能在水中漂浮待救;投放后在水面易呈翻覆状态,需人工扶正;浮胎易发生破损漏水等。

图1-3　气胀式救生筏

(一)气胀式救生筏的结构(如图1-4所示)

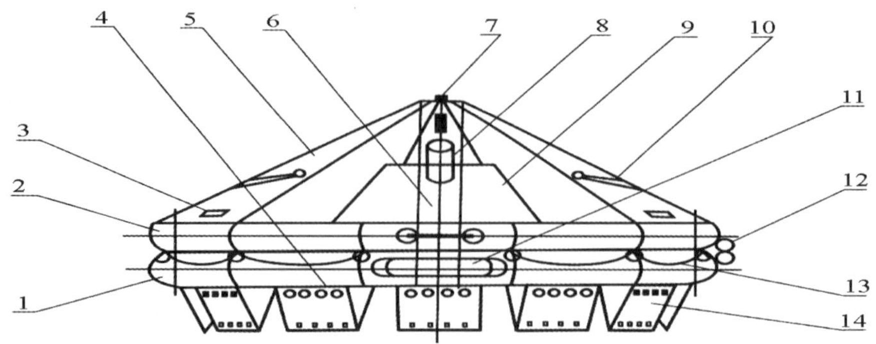

1-下浮胎；2-上浮胎；3-反光带；4-筏底；5-筏帐；6-筏柱；7-示位灯；8-瞭望窗；9-出入口；10-积水沟；11-登筏平台；12-钢瓶；13-扶手绳；14-平衡袋

图1-4 气胀式救生筏的结构

上、下浮胎(1、2):互相独立的两个气室,在上浮胎内有两个单向筏通向筏柱,上浮胎损坏时,筏柱仍能保持支撑状态。

反光带(3):夜间可以反光。

筏底(4):与下浮胎相连可保证筏体水密,同时在双层筏底中间的气室,起到防寒、降温和增加筏体强度的作用。当天气寒冷时用手动风箱充气减少筏内热量散失,当天气炎热时把筏底中气体放掉,利用筏底和海水直接接触来降低筏内温度。

筏帐(5):用双层锦编防水胶布制成,粘贴在筏柱上,起防浪、避风、遮雨、防晒等作用。外表为橙黄色,易于被发现。

筏柱(6):与上浮胎连接用于支撑筏帐的圆柱形气室。

示位灯(7):示位灯在筏顶上。

瞭望窗(8):人员通过瞭望窗观察瞭望。

出入口(9):筏上有两个对称的出入口,并装有防浪、御寒的两幅双层门帘。外幅门帘自上向下,内幅自下向上,分别扣在上浮胎和筏帐上。

积水沟(10):在筏帐中间突出在胶布面上的两条流水沟,位于筏的两侧,沟内有橡皮管,通向筏内悬挂的积水袋,下雨时用来收集雨水。

登筏平台(11):设置在进出口处的下浮胎中部,供求生人员登筏用。登筏平台一般为气胀式的。

钢瓶(12):内装CO_2(二氧化碳)和部分N_2(氮气)的高压钢瓶,瓶上附有瓶头阀,只要用充气拉索将瓶头阀打开,即可自行充气。每只筏上装有钢瓶2只,分别给上、下浮胎,筏柱充气。瓶内装有部分N_2,主要原因是在−30 ℃时,CO_2的液压降得很低且汽化时在瓶口出现“雪片”,使充气时间延长,N_2的存在使CO_2能在低温时使用并满足充气时间的要求。

扶手绳(13):筏外四周上下浮胎间设有的绳索,供求生人员攀扶,筏内四周扶手绳供求生人员在摇摆时使用。

平衡袋(14):设在筏下浮胎下面四角的橡皮袋,其上设有三个漏水孔,筏入水后平衡袋中充满海水,增加筏的稳定性(没有增加强度)、阻力(减少漂流速度)和保持平衡。

（二）救生筏的属具

每只救生筏正常的属具如下：

（1）系有不少于30 m长浮索的可浮救生环1个。

（2）装有可浮柄的非折叠式小刀1把，系以短绳并存放在顶篷外面靠近首缆与救生筏系连处的袋子内。另外，乘员定额为13人或以上的救生筏应加配一把不必是非折叠式的小刀。

（3）乘员定额不超过12人的救生筏配可浮水瓢1只，乘员定额为13人或以上的救生筏配有可浮水瓢2只。

（4）海绵2块。

（5）海锚2只，每只配有耐震锚索及收锚索各一根，一只备用，另一只固定地系于救生筏上，其系固方法应使海锚在救生筏充气或到水面时，总是使救生筏以非常稳定的方式顶风。每只海锚及其锚索和收锚索应具有足以适于一切海况的强度。海锚及锚索的每端都应设有旋转环。永久地固定在吊架降落救生筏上和安装在客船和救生筏上的海锚只供人工布放，所有其他的救生筏应配备当筏充气时能自动布放的海锚。

（6）可浮划桨2支。

（7）开罐头刀3把（带特殊开罐头叶片的安全小刀可满足本要求）。

（8）使用后能置于紧密关闭的防水箱内的急救药包1套。

（9）哨笛或等效的音响号具1支。

（10）火箭降落伞火焰信号4支。

（11）手持火焰信号6支。

（12）漂浮烟雾信号2支。

（13）防水手电筒1支，连同备用电池1副及备用灯泡1只，装在同一个防水容器内。

（14）雷达反射器1具，除非在救生筏内存放有1只救生艇筏用雷达应答器。

（15）日光信号镜1面，连同与船舶和飞机通信用法须知。

（16）印在防水硬纸上或装在防水容器内的救生信号图解说明表一张。

（17）钓鱼用具1套。

（18）为救生筏额定乘员每个人配备不少于10 000 kJ的口粮，口粮应保存于气密包装内并收存于水密容器中。

（19）水密容器数个，为救生筏额定乘员每个人配备1.5 L的淡水，其中每个人所需的0.5 L淡水量可用2天内能生产等量淡水的海水除盐器来代替。

（20）防锈饮料杯1个。

（21）救生筏额定乘员每个人配足够用48 h的防晕船药和清洁袋1个。

（22）救生须知。

（23）紧急行动须知。

（24）足供10%的救生筏额定乘员使用或2件保温用具，取其大者。

（三）救生筏释放

（1）将救生筏拉绳一端固定在大船的一个牢固点上，在接到命令前不得释放。

（2）接到命令后，解开救生筏固定装置，将救生筏抛出船外。

(3)拉绳受力后,救生筏充气膨胀成形。

(4)人员由绳梯入筏或跳水后登筏。

(5)割断与大船的连接绳后,迅速驶离大船。

(四)登筏

落水者游到筏的入口处下方,先用一只手抓住登筏软梯,另一只手抓住浮胎上的扶手绳,双手用力弯曲双臂,双脚登梯向后曲双腿,当上身越过上浮胎时,头向前倾,使上身倒向筏内。

(五)扶正救生筏

(1)扶正者首先应将装有CO_2充气瓶的一侧拉至下风侧。

(2)扶正者爬上筏底,双手拉紧筏底扶正带上端后,双脚站在筏底下风一侧,身体用力往后仰,筏即被翻过来。

(3)筏翻过来时,应迅速游开,以免被压在筏底。如果筏翻正后未能及时游开,人被压在筏底下,应从筏的两侧潜泳游出。不可从筏前后方向游出,以防被登筏软梯套住而遭危险。

三、救生衣

救生衣是指穿着后在水中能提供浮力以承托落水人员的一种救生工具。救生衣是船上每人必备的个人救生设备。它穿着方便,可以使包括处于昏迷状态人员在内的穿着者在水中自动处于安全状态,并保持穿着者脸部高出水面一定高度而不致灌水;也可以减少体力消耗,同时减少体热散失。

1. 救生衣的分类

救生衣的分类方法很多,不同的分类方法有不同的名称。按浮力材料不同可分为固有浮力式、气胀式和混合式救生衣。按结构样式可划分为背心式、套头式、连身式、腋下式救生衣。目前渔船上最常用的是固有浮力式救生衣(如图1-5所示)和气胀式救生衣,如图1-6所示。

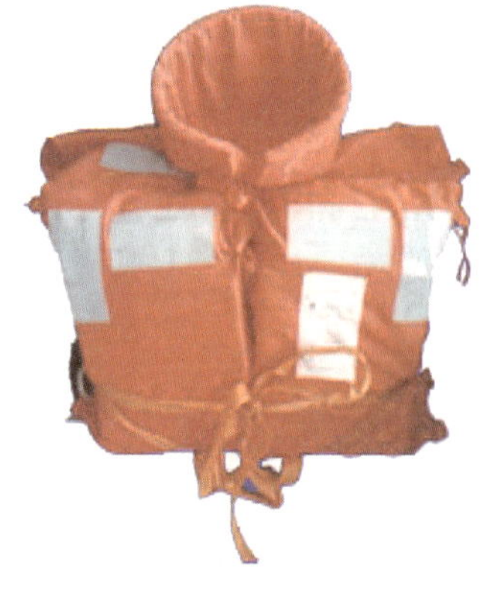

图1-5　固有浮力式救生衣

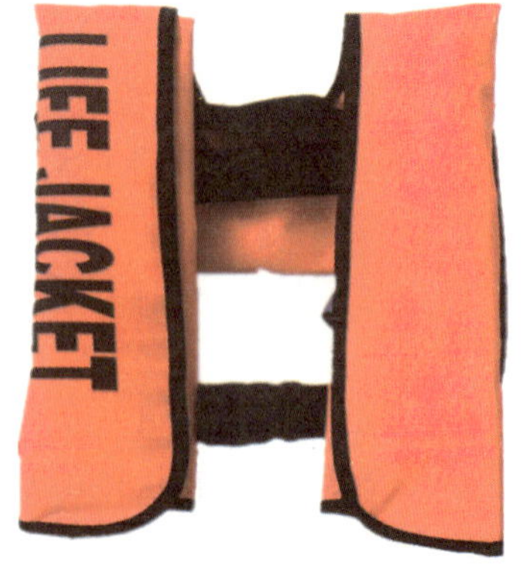

图1-6　气胀式救生衣

2. 救生衣的要求

(1)救生衣两面均能穿用。

(2)任何船上不得使用多于两种类型的救生衣。

(3)穿着救生衣能使身体后倾,把脸浮出水面,嘴离水面12 cm。

(4)穿着者从4.5 m高处跳入水中,救生衣不移位,不损坏。

(5)成人救生衣浮力能在淡水中浮起7.5 kg的铁块,24 h内其浮力不变。

(6)阅读使用说明书后,无须他人帮助,能在1 min内穿着完毕。

3. 救生衣的穿着方法

气胀式救生衣穿着比较简单,现介绍固有浮力救生衣的穿着方法,如图1-7所示。

(1)将救生衣套在颈上,反光带的一面朝外,将两个长方形浮力袋放置胸前,将缚带向下收紧,再向后交叉。

(2)将缚带拉到前面穿过扣带扎紧(系死扣),缚好颈带(系死扣)。

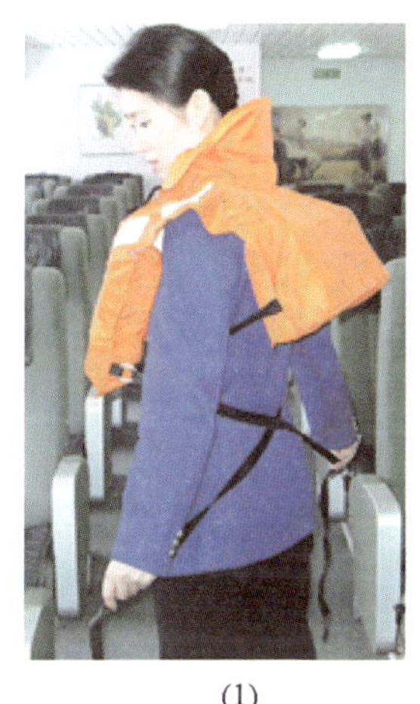

(1)

(2)

图1-7　固有浮力救生衣的穿着方法

4. 救生衣的存放和保管

救生衣应存放在居住处或易于取用的地方,其放置位置应有明显标志。渔船的救生衣应分别放置在驾驶台、机舱(供值班船员使用)和甲板(供值班、作业渔捞员使用)。救生衣不能存放在潮湿、油垢或温度过高的地方且不应加锁。严禁船员把救生衣用作枕头或坐垫等。

四、救生通导设备

渔船的救生通导设备主要有:甚高频双向无线电话、卫星应急无线电示位标(EPIRB)、搜救雷达应答器(SART)、通用报警系统和公共广播系统。

1. 甚高频双向无线电话(如图1-8所示)

图1-8 甚高频双向无线电话

(1)作用

①本船船内通信。

②救生艇筏及本船间通信。

③救助艇筏或搜救飞机与难船间的现场通信。

(2)配备要求

船长大于或等于45 m的船舶,每艘船舶至少配备3台,带充电器;船长小于45 m但大于或等于24 m的船舶,每艘船舶应至少配备1台,带充电器。另外,每台甚高频双向无线电话配置一块备用电池。

(3)存放

双向无线电话存放在驾驶台内,电池应在有效期内或保持充电状态。

(4)使用方法

①顺时针旋转音量控制旋钮(OFF/VOL),关机或开机。

②用"OFF/VOL"旋钮调整音量。

③利用频道选择开关或上下键选择所需通信频道。

④利用静噪选择功能键(SQL),去掉噪声。

⑤按住"PPT"键,开始讲话。

⑥松开"PPT"键,开始收听。

2. 卫星应急无线电示位标(EPIRB)(如图1-9所示)

图1-9 卫星应急无线电示位标

（1）作用

在船舶遇险时，人工或自动启动发出遇险信号，发出的信号经海事卫星转发至相关的搜救中心。

（2）存放

通常存放在驾驶台两翼的舷墙或栏杆上或驾驶台位置附近，存放处要有明显标志。

（3）检测和使用

①检测方法（以法国生产的KANNAD 406 EPIRB为例）。从盒内取出示位标，信号灯立即闪烁，以0.5 s间隔有规律地闪亮，表示设备运行正常。特别注意实验时间不能超过30 s，因30 s后示位标会自动发出报警信号。若要停止其发射，可置开关于“OFF”位置。

②人工启动发射。人工打开外壳，取出EPIRB，30 s后开始发出遇险报警。

③自动启动发射。EPIRB随船下沉水中3 m以下时，利用静水压力释放器自动释放，示位标浮出水面，发射遇险报警。

3. 搜救雷达应答器（SART）（如图1-10所示）

图1-10　搜救雷达应答器

（1）作用

配合9 GHz雷达，近距离发现幸存者的一种主要搜救手段，是船舶必备的GMDSS设备之一。

（2）存放

存放于驾驶台内两侧的存放架上，存放位置应有明显标志。

（3）工作原理

当船舶遇险弃船时，必须携带SART下船，然后安装并启动SART。在没有雷达脉冲的作用下，SART处于接收状态；在雷达扫描脉冲的作用下，发射应答信号，应答信号在搜救雷达荧光屏上，能沿半径方向显示出一连串（最多12个）的亮点。亮点的个数与雷达的量程和SART与搜救船的距离有关，其中第一个亮点到雷达荧光屏中心的距离是搜救船到幸存者的距离；12个亮点的连线与船首线的夹角就是搜救船到幸存者的相对方位。12个亮点的大约距离是8 n mile，每两个亮点大约是0.65 n mile。当搜救船逐渐靠近SART时，亮点逐渐变为圆弧，进而变成同心圆。

（4）检查与测试

为了保证SART处于正常工作状态，对SART需定期检查，一般为三个月检查一次。应认真检查所配电池的有效期(每四年更换一次)。将SART工作开关置“TEST”位置,观察指示灯是否闪亮,同时伴有声响,如与雷达共同测试,应观察雷达屏幕上的变化。

4. 通用报警系统

通用报警系统可以发出通用报警信号,该信号由七个或以上短声继以一长声号笛、警铃等组成,全船所有起居处所和经常工作处所应能听到,启动后能连续发出报警,直到人工关闭或被公共广播系统的信息暂时打断。

5. 公共广播系统

公共广播系统可以广播包括紧急信息在内的各类信息。向船员经常活动的地方广播信息,并通向集合地点。

五、其他救生设备

1. 救生圈

救生圈(如图1-11所示)是供落水人员套于腋下,能使人直立水中并提供浮力的圆环状救生设备,适用于救助落水人员,供落水人员在水中攀扶等待救援。

图1-11　救生圈

(1)救生圈属具

①救生浮索

救生浮索为橙色合成纤维绳,其直径不小于8 mm,长度为30 m。带救生浮索的救生圈,无须配有自亮浮灯。

②自亮浮灯

在夜间或能见度不良时显示救生圈的位置。自亮浮灯电源最常用的有化学自燃火焰、干电池、海水电池三种。渔船所配的救生圈中应至少有一半救生圈配有自亮浮灯。

③烟雾信号

自发烟雾信号均能发出无火焰的橙色浓烟,持续时间至少15 min。

(2)配备要求

渔船救生圈的配备要求如表1-2所示。

表1-2　渔船救生圈的配备要求

<table>
<tr><th rowspan="3">船长L(m)</th><th rowspan="3">救生圈总数(只)</th><th colspan="3">带自亮浮灯或救生浮索</th></tr>
<tr><th colspan="2">带自亮浮灯</th><th rowspan="2">带救生浮索(只)</th></tr>
<tr><th>总数(只)</th><th>同时带烟雾信号(只)</th></tr>
<tr><td>L≥75</td><td>8</td><td>4</td><td>2</td><td rowspan="2">每舷1</td></tr>
<tr><td>75>L≥45</td><td>6</td><td>3</td><td>2</td></tr>
<tr><td>45>L≥24</td><td>4</td><td>2</td><td>1</td><td>每舷1</td></tr>
<tr><td>24>L≥12</td><td>2</td><td>1</td><td>—</td><td>1</td></tr>
</table>

(3)标记与存放

救生圈上应写明船名和船籍港。远洋渔船船名应加注汉语拼音,船籍港下加注英文。救生圈应悬挂在船上固定的救生圈架上,并处于立即可用状态,不允许以任何方式永久系牢。救生扶索在不使用时应缠绕起来,系紧绑好,以备使用。

(4)救生圈使用方法

①抛投救生圈

人员落水,可选用有救生浮索的救生圈,一手握住系锁,另一手将救生圈抛向落水者的下流方向。当海上无流而有风时,应将救生圈抛于落水者上风处,以便落水者攀扶。应注意不要打在落水者身上,也可以将救生圈浮索系在船舷边,两手抛投救生圈。夜间应尽可能使用带有自亮浮灯的救生圈。

②水中使用方法

一种是套入使用,即用一只手压救生圈的一边使它竖起,另一只手抱住救生圈的另一边,并把它套进脖子,然后再置于腋下;先用两手同时压住救生圈的一边使救生圈竖起,手和头部乘势钻入圈内,将救生圈夹在腋下。也可以用一只手抓住救生圈,另一手做划水动作。

2. 渔船的其他救生设备的配备(如表1-3所示)

表1-3　其他救生设备的配备

<table>
<tr><th rowspan="2">船长L(m)</th><th>烟火信号</th><th rowspan="2">无线电救生设备</th><th rowspan="2">抛绳枪(套)</th><th rowspan="2">通用紧急报警系统(汽笛、号笛或电铃)</th></tr>
<tr><th>火箭降落伞信号(只)</th></tr>
<tr><td>L≥75</td><td>12</td><td rowspan="4">按通信设备配备</td><td>1</td><td>1</td></tr>
<tr><td>75>L≥45</td><td>8</td><td>1</td><td>1</td></tr>
<tr><td>45>L≥24</td><td>4</td><td>—</td><td>1</td></tr>
<tr><td>24>L≥12</td><td>—</td><td>—</td><td>1</td></tr>
</table>

第三节　海上落水人员待救措施

弃船命令下达后，船员应该迅速做好各项准备工作，到达指定的集合点，准备离开难船，尽量从船上直接登上救生艇（筏）。如不能直接登上救生艇（筏），就只能选择从船上跳入水中，然后爬上附近的救生艇（筏）。

一、在救生艇（筏）上的待救措施

1. 登艇（筏）后为增加获救机会的最初行动

（1）登艇（筏）完毕后，应立即切断艇索，迅速离开难船。

（2）施放海锚，保持适当的通风，使艇（筏）摇晃减轻，减缓其漂离速度，增加被发现的概率。

（3）保持艇（筏）处于完整良好的状态。

（4）采取措施防备艇（筏）内出现严寒和酷热状况。

（5）在艇（筏）发生激烈颠簸时，全体人员均应立即服用防晕船药物。

（6）主动在失事地点附近海面搜救其他落水人员

（7）正确使用艇（筏）内的设备，建立起一个尽可能完整的组织，组织全体人员 24 h 值班。

（8）降雨时，应尽一切努力做好雨水收集工作。

（9）保持艇（筏）上求生者的士气。

2. 正确操纵和使用救生艇（筏）上的设备

（1）救生艇靠、离操纵基本方法：一般采用顶流，要估计和控制好前冲距离，注意风、流的作用，少用倒车。

（2）向遇难船派出救生艇：应操纵本船从上风侧接近难船，使本船能造成一个下风静浪区。

（3）救援海上漂浮遇险人员：从下风向遇难人员接近，并在适当的距离停住，以避免撞压遇险者。

（4）在恶劣天气无法安全操艇时，应当投放海锚以使艇首顶风、顶浪。

（5）正确操作无线电应急设备：应急无线电示位标是一种可携型遇险信号发送器，可以提供艇（筏）的方位，以供搜寻船舶与飞机前往救援。示位标在艇（筏）上装妥后，应从包装袋内取出细绳，将连接天线的旋管系缚于适当的位置。其在发射工作时，指示灯应有闪光信号出现。

二、水中漂浮待救

1. 穿着救生衣游泳

由于人在水中活动时，肌肉受到刺激会突然发生强烈的直性收缩，造成肌肉痉挛，所以，求生者要注意使肌肉放松且不断变换游泳姿势。而一旦出现肌肉痉挛，必须大声呼救，设法得到他人的帮助，如果没有人，也不要慌张，应始终保持冷静，活动一下抽筋的地方，及时自救。

2. 未穿救生衣漂浮

(1)应尽快登上附近的救生设施。

(2)应尽快尽力攀扶漂浮物。

(3)采取仰俯姿势减少体力消耗。

(4)利用衣服自制临时浮具，使衣服尽量成封闭状态，向内吹气，使其成充气状态，以方便漂浮。

(5)发现附近出现救生设施和救生船舶时应设法显示自己的位置。

3. 低温水中漂浮待救

许多落水者之所以溺水死亡是由于寒冷而丧失体温所致。人体在水中比在空气中散热快得多，如果人体在水中暴露严重，身体温度就会逐渐下降，落水者会出现低温症状。因此，要掌握低温水中的求生要点。

(1)在撤离难船前，应尽可能地多穿衣服，穿妥救生衣后，最好穿上救生服。

(2)尽可能避免跳入水中，减少突然入冷水的冲击。

(3)不要从5 m以上高度跳入水中，并尽量减少在水中浸泡时间。

(4)落水者不应做不必要的游泳，为了减少身体热量的散失，在低温水中保持正确的姿势。

①“help”姿势(如图1-12所示)：双腿并拢曲伸到胸部，两肘紧贴身旁，两臂交叉放在救生衣前面，仰浮在水面。

②“huddle”姿势(如图1-13所示)：穿着救生衣，直立在水中，互相拥抱着，围成圆圈。

图1-12　“help”姿势

图1-13　“huddle”姿势

(5)禁止喝含有酒精的饮料，因为酒精的摄入会加速体热的散失。

三、预防危险的海洋生物袭击

弃船后的人员可能会遇到各种危险的海洋生物，尤其是鲨鱼(如图1-14所示)。

图1-14　鲨鱼

1. 鲨鱼

热带和亚热带的鲨鱼比较具有攻击性，而鲨鱼会对气味非常敏感，尤其是血腥味，所以在水中一定要采取措施保护自己，防止被鲨鱼袭击。

(1)穿上所有的衣服，包括鞋子。鲨鱼对人类的衣服以及奇怪的表情感到迷惑、新鲜，它们更容易攻击那些赤裸的人，所以身穿衣物最为安全。

(2)不出气味。鲨鱼视力有限，求生者除了避免自身有伤口血液流出外，也要避免小便，以免引来鲨鱼。

(3)鲨鱼来临时尽量泼水大叫。鲨鱼对于声波比较敏感，求生者的大喊大叫也许会“吓”跑鲨鱼。

(4)要保存体力，以便在鲨鱼进攻时奋力一搏，尽量击打鲨鱼的鱼鳃和眼睛，但要避免打到鲨鱼的牙齿而使自己受伤，血液会更加激怒鲨鱼。

2. 其他危险的海洋生物

(1)箱水母(如图1-15所示)：呈蘑菇形状，近乎透明，主要生活在澳大利亚东北沿海水域，被认为是目前世界上已知的、对人类毒性最强的生物。人被它的触手触及后，30 s内便死亡。

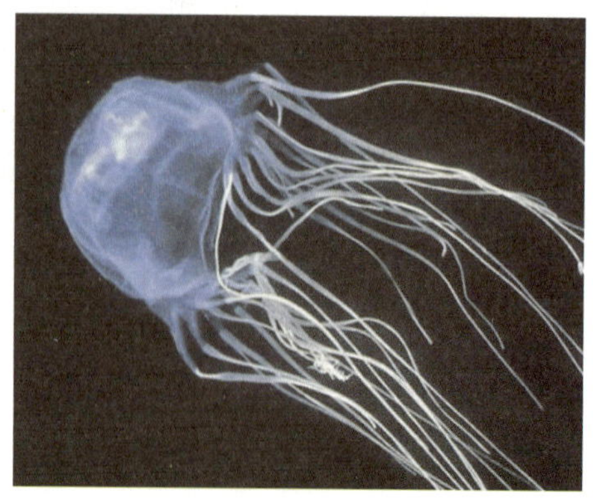

图1-15　箱水母

(2)僧帽水母(如图1-16所示):亮蓝色的浮囊充满气体,浮于海面,形状如一顶僧帽,主要分布在亚热带海域。人员接触其触手后会出现麻痹症状,受其伤害不足以致命,但足以致残。

图1-16　僧帽水母

(3)海蛇(如图1-17所示):现存的海蛇约有50种,主要分布于印度洋和太平洋等暖性水域。海蛇的毒液属于最强的动物毒,被咬伤的人可能在几小时至几天内死亡,多数海蛇在受到骚扰时才伤人。

图1-17　海蛇

(4)蓝色圆环章鱼(如图1-18所示):主要栖息在日本和澳大利亚之间的太平洋海域,身体呈淡灰白色,有彩虹色圆环标记。一只蓝色圆环章鱼所携带的毒素足以在数分钟内一次杀死26名成年人。

图1-18　蓝色圆环章鱼

四、获救

海上救助和海上求生有着紧密的联系，了解和掌握有关海上搜救方面的知识，有利于帮助求生者在接受海上救助的过程中密切地与救助船舶及飞机配合，及早脱险获救。

1. 船舶救援

(1)前来救援的船舶通常停在待救助艇(筏)的上风侧近处。

(2)当救援船驶近时，艇(筏)应将海锚收起以防缠绕来船的螺旋桨。

(3)海上遇险的艇(筏)应尽量不要横在大船的船首方向，以免造成危险。

(4)如果可能，救援船应使用起重设备连人带艇一起吊上大船。

(5)救助海上落水人员，如果有可能，救助船舶应下放救生艇，派出救捞人员。

(6)当海上风高浪大无法救援时，救援船可撒些镇浪油，使海面平稳，以便顺利进行救助。

2. 直升机救援

(1)直升机可以执行的救援任务

可向遇难船舶提供援救物资和设备，可以从遇难船上撤离遇险者或伤病员；可以从艇筏上搭救遇险者；可以从海上救捞落水人员。

(2)直升机救援的悬空高度和吊运区要求

直升机进行吊运的悬空高度一般是距甲板27 m左右，要求吊运区周围至少15 m内无障碍物。直升机最大活动半径为150~250 n mile。

(3)直升机直接对遇难船救援的注意事项

遇难船与直升机之间应建立直接的无线电通话，使用频率2182 Hz；遇难船应详细向直升机或海岸电台报告船位、时间、会合地点、气象、海况等具体资料；在甲板上设置吊运区；若直升机需在遇难船降落，应在着落区附近备好消防设备。

本章思考题

1. 渔船上的救生设备有哪些？
2. 简述渔船救生艇的施放及登乘方法。
3. 怎样登上救生筏？
4. 海难的种类有哪些？
5. 海上求生者的主要危险有哪些？
6. 海上求生者的求生要素有哪些？

第二章　船舶消防

第一节　概　述

燃烧是一种以发光、发热为特征的剧烈的化学反应。物质燃烧时一定有新的物质产生，还会伴随着某些现象，如发光、发热，有时还会发生颜色变化或生成沉淀、产生气体等。例如，燃油燃烧时不仅产生大量的热，发出刺眼的光芒，还会产生一氧化碳、二氧化碳、碳氢化合物和氮氧化合物等。

一、燃烧的三要素

燃烧不是随便发生的，任何物质燃烧都必须同时具备三个基本条件：可燃物、助燃物（氧化剂）和着火源，即我们通常所说的燃烧三要素。这三个要素组成一个燃烧三角形，如图1-1所示。

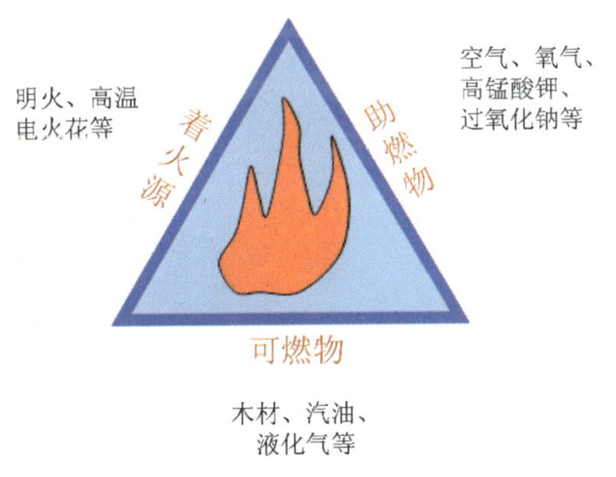

图2-1　燃烧三角形

1. 可燃物

能与空气中的氧气或其他氧化剂发生燃烧反应的物质称为可燃物。按可燃物的物理状态分为液体可燃物（如图2-2所示）、固体可燃物（如图2-3所示）和气体可燃物（如图2-4所示）三类。三种形态的可燃物中，气体可燃物燃烧速度最快，其次是液体可燃物，固体可燃物的燃烧速度最慢。绝大部分可燃物的燃烧都是在蒸汽或气态下进行的。可燃固体或可燃液体是先汽化，后燃烧。如木材、纸张等是在其受热分解出水蒸气、气体和碳之后才与氧气发生燃烧；松香、沥青、塑料等受热后熔化，然后再变成气体而燃烧；燃油、柴油等受热后挥发出气体与空气以一定比例混合后才能燃烧；天然气、沼气等与空气混合达到一定比例直接燃烧。

图2-2　液体可燃物

图2-3　固体可燃物

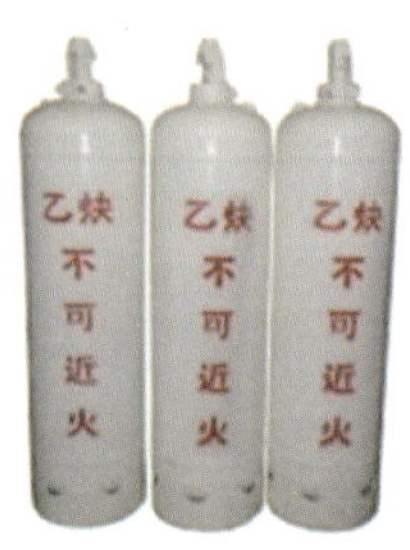

图2-4　气体可燃物

2. 助燃物

能帮助和支持可燃物燃烧的物质，即能与可燃物发生燃烧反应的物质称为助燃物。氧气本身不会燃烧，所以不是可燃物，但没有它就引不起剧烈的氧化反应，也就没有燃烧，所以氧气是起到帮助和支持燃烧作用的，人们把氧气称为助燃气体，如图2-5所示。另外，氯气以及氯酸钾、过氧化钠等氧化剂也是助燃物，如图2-6所示。这些氧化剂里的氧气也十分活跃，在一定条件下，氧化剂中的氧气也会像空气中的氧气一样与可燃物结合，引起剧烈的氧化反应而产生燃烧，因此把氧气和氧化剂都称为帮助燃烧的物质。没有助燃物，任何物质都燃烧不起来。如空气含氧量降到11%以下，一般物质的燃烧就会熄灭。

图2-5　助燃气体

图2-6　助燃物

3. 着火源

凡能引起可燃物燃烧的能量都叫作着火源。常见的着火源有明火（如图2-7所示）、电能火源、化学火源、辐射热、雷击等，如电路老化（如图2-8所示）、电焊（如图2-9所示）、气焊作业等。

在某些情况下，虽然具备了燃烧的三个要素，但也不能发生燃烧。要燃烧，必须得满足燃烧的充分条件：①一定浓度的可燃物；②足够的氧气（助燃物）；③达到可燃物燃点的最小着火能量。低于这个能量就不能引起可燃物燃烧。

最后，必须使燃烧的三个条件相互作用在一起，燃烧才会发生。

图2-7　明火

图2-8　电路老化

图2-9　电焊

二、船舶安全防火控制

由于燃烧必须满足燃烧的三个条件（三要素），并且要相互作用在一起才能发生燃烧，所以船舶安全防火控制也必须从控制三要素开始。

1. 控制可燃物

船上可燃物很多，主要有木材、渔网、燃油、滑油、乙炔以及煤气等，易燃易爆。因此，有效控制可燃物对船舶防火至关重要。在选用高闪点的燃、滑油的同时，还要对可燃物分类存放，并安排专人负责。

2. 控制通风

空气属于助燃物，起到帮助和支持燃烧的作用。因此，在发生火灾后，应迅速切断通向火灾现场的所有通风道和通风设备，如图2-10所示。

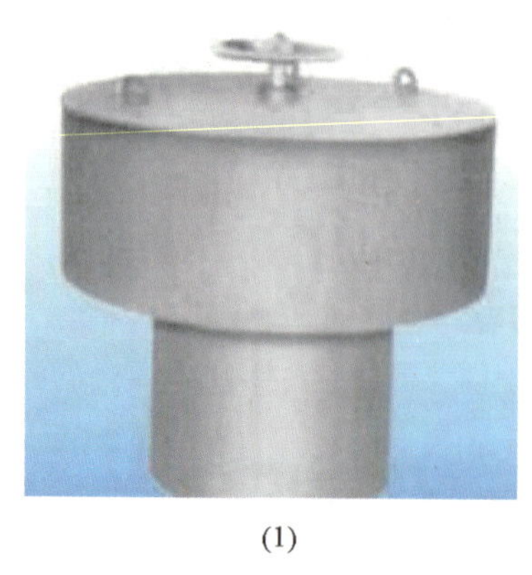

(1)

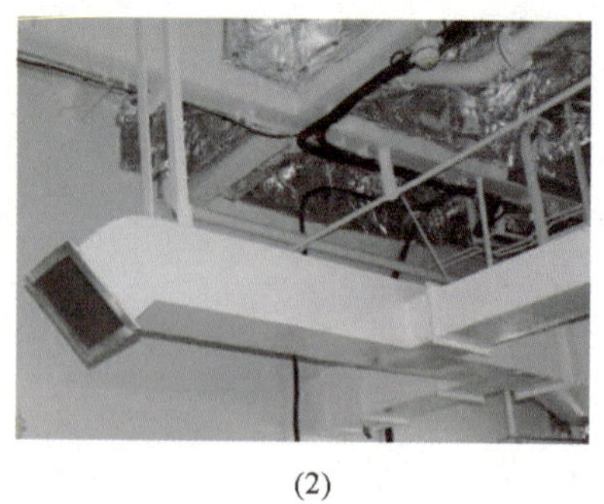

(2)

图2-10　通风口及管道

3. 控制火源

船上常见的火源有柴油机排烟管、加热器、电焊枪、气割枪、锅炉等。柴油机排烟温度高达400～500 ℃，应用隔热材料包扎排烟管（如图2-11所示）；加热器表面也应用隔热材料包扎；电焊和气割作业应严格遵守热工作业操作规程；对于高温高压的锅炉，除了用隔热材料包扎外，还要安装有安全阀。

(1)

(2)

图2-11　隔热材料包扎排烟管

第二节　消防设备

一、船舶消防设备

船舶消防设备具有种类多、数量少的特点，船舶常用消防器材主要有灭火器、消防员装备及其他消防用品等。

(一)船用灭火器

船用灭火器分为手提式灭火器和移动式(推车式)灭火器,都适用于扑救初期的小范围的火灾。其特点是灵巧轻便,操作简单,应急迅速,灭火效率高。在船舶起居处所、机器处所、厨房和每一个易燃物料间都应配备足够数量的手提式灭火器。按照国际标准规定,手提式干粉或二氧化碳灭火器的容量应不少于5 kg,而手提式泡沫灭火器的容量至少应为9 L。

1. 二氧化碳灭火器

船上主要存放于厨房、机器处所和锅炉处所。

结构:手提式二氧化碳灭火器(如图2-12所示)由钢瓶、开关装置和喷射装置等组成。瓶内装有液化的二氧化碳3～6 kg,喷射时间为20～45 s,射程一般为2～3 m。这种灭火器的开关装置多采用鸭嘴式,使用时,压下压把,压杆就会下移,打开阀门,二氧化碳就会通过虹吸管被释放出来。

适用于扑救的火灾:液体、气体及带电火灾,主要用于扑救贵重设备、档案资料、精密仪器仪表、600 V以下的电器及油脂等火灾,不适用于扑救轻金属火灾。

使用方法:

(1)竖直提着手柄,拆下铅封,拔出安全销。

(2)尽可能站在上风口,喷筒对准火焰上火。

(3)喷口距火焰保持1.5～2 m。

(4)将压把压下,二氧化碳就会经虹吸管和喷射连接管从喷嘴喷出。

(5)停用时,将手放松,阀门自行关闭,停止喷射。

图2-12　手提式二氧化碳灭火器

注意事项:

(1)灭火器喷射过程中应保持直立状态,切勿平放或颠倒使用。

(2)在室外使用时,应选择站在上风口。

(3)当没戴防护手套时,不可用手直接握喷筒或金属管,以免冻伤。

(4)在狭小的室内空间使用时,灭火后应迅速撤离,以防窒息。

(5)不可用于补救轻金属火灾,防止爆炸。

(6)喷筒应离火焰1.5~2 m,从火焰的下方往下喷。

检查和保养:应存放在通风、干燥处;每月对灭火器进行外观检查;每季度对瓶内二氧化碳存量进行检查,如存量减少超过1/10,应查明原因后补足灭火剂;每五年对钢瓶进行一次水压检查。

2. 干粉灭火器

干粉灭火器依靠压缩气体(氮气、二氧化碳),驱动干粉喷射灭火。渔船上有手提式和推车式两种类型。船上主要存放于起居处所、厨房、无线电室以及电器设备处所。

手提式干粉灭火器结构(如图2-13所示):储干粉钢瓶、储气瓶(氮气、二氧化碳)、喷射系统以及开启机构等部件。

图2-13　手提式干粉灭火器

适用的火灾类型:用于扑灭固体、液体、气体以及电气火灾。

灭火注意事项:

(1)站上风口,离火场1~2 m,对准火焰根部来回扫射,手始终压下压把,防止中断喷射。

(2)扑救液体火灾时,不要把喷嘴直接对准液面喷射,防止火灾蔓延。

(3)不适用于扑救轻金属火灾。

(4)扑救固体火灾效果不好,灭火后应注意防止复燃。

检查和保养:

(1)应放置在通风、阴凉、干燥处,防止干粉结块失效。

(2)定期检查称重,当重量减少超过1/10时,应及时补充。

3. 泡沫灭火器

船上常见的是空气泡沫灭火器,它依靠压缩气体(氮气、二氧化碳)驱动并搅动空气泡沫灭火剂灭火。

手提式泡沫灭火器(如图2-14所示)结构:钢瓶、储气瓶(氮气、二氧化碳)喷射系统以及开启机构。船上主要存放于厨房、机器处所以及锅炉处所。

适用扑救的火灾:液体火灾及一般固体火灾。

灭火注意事项：

(1)站上风口，离火场1～2 m，喷管对准火焰附近的垂直表面。

(2)用于扑救一般固体火灾时，喷嘴应对准燃烧最猛烈处喷射。

(3)不能用来扑救带电设备、气体以及金属火灾。

(4)不要和水同时使用，防止冲破泡沫，降低灭火效果。

图2-14 手提式水基型灭火器

检查与保养：

(1)存放地点的环境温度为-8～45 ℃。

(2)定期检查驱动气体压力，如低于1/10，应及时补充。

4. 清水灭火器

手提式清水灭火器(如图2-15所示)依靠压缩气体(二氧化碳)驱动清水喷射灭火，主要用于扑灭固体火灾。一般放置在起居处所。

手提式清水灭火器结构：筒体、筒盖、二氧化碳储气瓶、喷射系统和开启机构等部件。

使用方法：

(1)提灭火器离火场3～4 m处，站上风口。

(2)将灭火器竖直放稳，拉出保险销，压下开启机构压把。

(3)这时CO_2储气瓶的密封膜片被刺破，二氧化碳气体进入筒体内，驱动清水经喷管从喷嘴喷出。

灭火注意事项：

(1)喷管应对准燃烧最猛烈处喷射。

(2)随着灭火器喷射距离的缩短，操作者应逐渐靠近燃烧物，使水流始终能喷射在燃烧处，直到将火扑灭。

(3)不能用于扑救带电火灾和金属火灾。

(4)灭火过程中始终保持与地面大致呈垂直状态，切勿颠倒或横卧；否则会使加压气体泄出而灭火剂不能喷射灭火。

图2-15　手提式清水灭火器

检查与保养：放置在通风、阴凉和干燥处；每年称重检查一次，如总重少于5%，应及时补充。

（二）其他灭火装置

除手提式灭火器外，通常还配备剂量较大的移动式灭火器。通常包括便携式泡沫灭火器、推车式泡沫灭火器、推车式干粉灭火器以及推车式二氧化碳灭火器。

1. 便携式泡沫灭火器

便携式泡沫灭火器（如图2-16所示）容量比手提式灭火器大，适用于扑救较大的火灾。主要放置在A类机器处所及特种处所的甲板水带箱内。

（1）组成：主要由吸入式空气泡沫枪、盛装20 L泡沫液的可携式容器及备用容器组成。

图2-16　便携式泡沫灭火器

（2）使用方法：手持泡沫枪，站在上风口位置，调整适合的灭火距离，使泡沫平稳地覆盖在着火油面上。

(3)性能:便携式泡沫灭火器的泡沫枪产生的泡沫应至少为1.5 m^3/min。

(4)注意事项:

①配备足够的泡沫液。

②对油类火灾,应朝向火焰后面的垂直舱壁喷射,使其流淌覆盖液面;切勿直接喷向液面,防止火灾蔓延。

2. 推车式泡沫灭火器

推车式泡沫灭火器(如图2-17所示)通常配备于船舶的机舱内。

(1)结构:推车式泡沫灭火器由泡沫液钢瓶、储气瓶(二氧化碳、氮气)、喷射系统、开启机构以及行驶机构组成。主要放置在主机以及锅炉附近。

(2)使用方法:推车式泡沫灭火器一般由两个人操作。使用时,先将灭火器推或拉到火场附近,离火点约6 m处停下;一个人迅速打开瓶头阀,另一个人则迅速展开喷射软管,双手握紧喷枪,对准失火地点,打开阀门喷射泡沫灭火。

(1)

(2)

图2-17　推车式泡沫灭火器

3. 推车式干粉灭火器

推车式干粉灭火器装粉量为35 ~ 70 L,喷射距离为10 ~ 13 m,喷射时间为20 ~ 50 s。

(1)结构:由筒体、筒盖、驱动气瓶、喷射系统、开启机构以及行驶机构组成。主要放置在主机和锅炉附近,如图2-18所示。

(2)使用方法:推车式干粉灭火器一般由两个人操作。使用时将灭火器迅速推或拉到火场,在离起火点约10 m处停下;一人将灭火器放稳,然后拔出开启机构上的保险销,迅速打开驱动气瓶;另一人则取下喷枪,展开喷射软管,然后一手握住喷枪,另一只手打开阀门,将喷枪对准火焰根部,喷粉灭火。

(1)

(2)

图2-18　推车式干粉灭火器

4. 推车式二氧化碳灭火器

推车式二氧化碳灭火器的结构与手提式灭火器基本相同，主要不同点在于剂量较大，且多了一个方便移动灭火器的推车。

(1)结构：推车式二氧化碳灭火器结构与手提式基本相同。其主要不同点在于多了一个固定和运送灭火器的推车，开启机构采用手轮式，如图2-19所示。

图2-19　推车式二氧化碳灭火器

(2)使用方法：使用推车式二氧化碳灭火器时，一般由两个人操作。先把灭火器推或拉到火场附近，离火点约10 m处停下；一个人迅速卸下安全帽，全开瓶头阀；另一个人迅速取下喇叭喷筒，展开喷射软管后，双手握紧喷筒根部的手柄，把喇叭喷筒对准火焰，从火焰上方往下喷射。

二、消防用品及消防人员装备

1. 常用消防用品

船舶常用的消防用品包括消防斧、消防钩、灭火毯、消防桶及消防沙箱等，如图2-20所示。

消防斧又称太平斧，主要用于砍断缆绳或破拆障碍物，如图2-20(1)所示；消防钩用于从火场中取拿物品等，如图2-20(2)所示；灭火毯是用耐火材料(如石棉、玻璃纤维及纺织品等)制成或经防燃浸渍处理的专用毯，使用时，只要将其展开覆盖于初始燃烧物上，就能达到灭火的目的，如图2-20(3)所示；消防桶又称太平桶，一般是手提式的，用镀锌铁皮做成，外壳涂红漆，并用白漆标出编号，存放在驾驶台附近或露天甲板的木座上，它的作用是浇灭初期火灾，如图2-20(4)所示；消防沙箱是存储黄沙的玻璃钢或金属箱，沙箱的外壳涂红色，黄沙必须是干燥的，使用时将其覆盖在燃烧物表面，隔绝氧气并吸收部分热量，使火熄灭，如图2-20(5)所示。

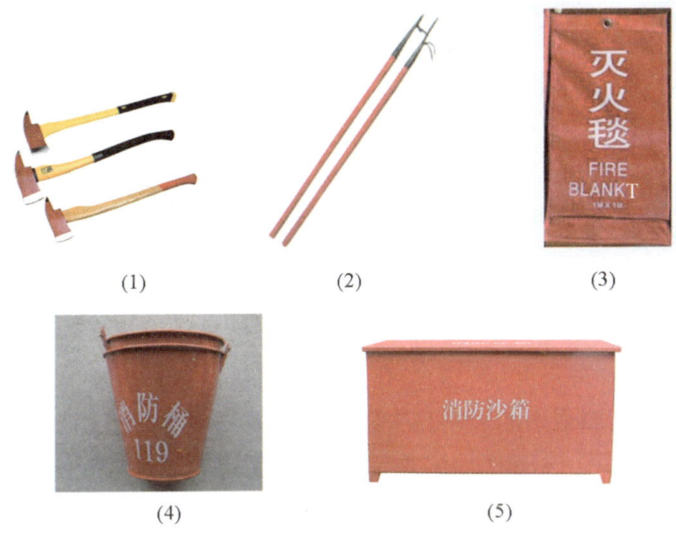

图2-20　常用消防用品

2. 消防人员装备

消防人员装备是消防员的专用设备，它确保消防人员安全地进入火场探明火情或救助火场中受困人员，或执行灭火任务等，如图2-21所示。

消防人员装备包括防火服、长筒靴和手套、头盔、安全灯、消防斧、安全带、防火绳及呼吸器等。

(1)防火服：用于保护皮肤不受火焰和燃烧的热辐射、灼伤及蒸汽烫伤。它采用纤维织物与镀铝薄膜复合材料制作而成，其外表面能防火和防水。

(2)长筒靴和手套：由橡胶或其他电绝缘材料制成。

(3)头盔：应坚固结实，能经受撞击。

(4)安全灯：照明时间至少为3 h。

(5)消防斧：其手柄设有绝缘套。

(6)安全带：安全带上的钢制圆环可以和防火绳的卡钩连接，并具有固定消防斧的装置。

(7)防火绳:长度至少为30 m,用来显示来时的路径以及应急时作为搜救或简单联系的工具。

(8)呼吸器:储压式空气呼吸器的作用是供给新鲜空气,防止进入火场的人员窒息或吸入毒气中毒。它由高压空气瓶、呼吸面罩及调节阀、余压报警器等组成。在火场中能持续供气至少30 min。

(1) (2)

图2-21 消防人员装备

三、防火控制图

防火控制图应能清晰地标明各控制站、A级或B级分隔所围成的各区域,连同探火系统及各火灾报警的警报站,灭火装备、出入通道、通风系统等。

防火控制图应有一份永久展示的总布置图向船员提供必要的指导,一般放在船员生活处所,另有两张防火控制图或图的复制品分别存放于左右舷甲板外标有醒目标志的风雨密盒子里,供岸上消防人员使用。船舶消防应急时,防火控制图能够向消防人员提供船舶的相关信息,如灭火进出火场路线,消防设施类型、数量及位置等。防火控制图必须与船舶实际情况相一致,如有变动应及时修改。

第三节 渔船火灾的特点、分类及灭火方法

一、渔船火灾的特点

众所周知,物质发生燃烧、自燃或爆炸,都必须具备燃烧的三要素,即可燃物、助燃物和火源。然而渔船上存在着大量发生火灾危险的因素,如携带有大量的柴油、有复杂的电气设备、有高温的机器场所和船员生活的居住场所。因此渔船发生火灾的原因多种多样,其特点如下:

(1)易发、频发、易燃、易爆。渔船上,空间狭窄,机舱、厨房等处可燃物众多,有温度较高的火源,空气又无处不在,满足燃烧三要素。另外,渔船船员受人为因素的影响,防火意识淡泊,消防知识匮乏,日常安全管理工作不到位或者根本没有安全管理,这都导致了火灾极容易发生。

(2)燃烧猛烈、蔓延速度快。如果起火点在机舱内,起火后火势将沿着机电设备、电线、油柜、油管等向四周和上部船板蔓延,短时间内就能够蔓延全船,还可能殃及邻船。

(3)温度高,烟雾浓,有毒气体多。由于船舶结构复杂,各层舱室比较封闭,燃烧氧气的供给主要依靠舱室内和沿通风系统进入的空气。火灾发生后,燃烧产物弥漫整个舱室,当舱门被烧穿后,新鲜空气注入舱室,从而导致预热材料分解的产物燃烧,使燃烧更加剧烈,火焰将通过门孔、走廊向梯道发展,走廊、梯道将充满高温、浓烟和有毒气体,施救人员极易受到威胁。

(4)扑救难度大。如船舶在海上航行时发生火灾,在第一时间难以得到外界的救援,船员只能自救,但由于船舶结构复杂,空间狭小,回旋余地小,且消防器材有限,所以扑救难度大。

二、火灾的分类

火灾是指在时间或者空间上失去控制的燃烧所造成的灾害。火灾有两个特征,一是失去控制,二是造成了人身和(或)财产损害。

国家标准《火灾分类》(GB/T 4968—2008,2008年11月4日发布,2009年4月1日实施)火灾根据可燃物的类型和燃烧特性,分为A、B、C、D、E、F六大类。

1. A类火灾(甲类火灾)

普通可燃固体物质燃烧引起的火灾称为A类火灾。如木材、纸张、纤维板、棉花、棉麻、绳索、衣服、被褥、粮食、合成橡胶、电工产品、化工原料、建筑材料等的着火引起的火灾。可燃固体不是固体直接燃烧,而是先溶化、蒸发(部分直接蒸发)后再与空气混合燃烧,这种物质通常具有有机物性质,一般在燃烧时能产生灼热的余烬。特点是不仅物体表面燃烧,而且能深入内部。因此,灭此类火时,要防止复燃,主要用水来扑灭,如图2-22所示。

(1)

(2)

图2-22　A类火灾(甲类火灾)

2. B类火灾(乙类火灾)

可燃液体或可熔化的固体物质燃烧引起的火灾称为B类火灾。如原油、沥青、石蜡、油漆以及酒精、苯、乙醚、丙酮等各种有机溶剂燃烧引起的火灾。可燃液体不是液体本身燃烧,而是液体受热时蒸发出来的气体与氧气混合燃烧,只限于表面燃烧,但燃烧速度很快,温度也很高,容易引起火灾蔓延和发生爆炸。一般采用干粉、泡沫、二氧化碳、1211灭火剂(卤代烷)等来扑灭,如图2-23所示。

(1)

(2)

图2-23　B类火灾(乙类火灾)

3. C类火灾(丙类火灾)

可燃气体燃烧引起的火灾称为C类火灾。如煤气、天然气、甲烷、乙烷、丙烷、氢气等着火引起的火灾。可燃气体不需要像固体、液体那样经溶化、蒸发过程,所需热量仅用于氧化或分解气体或气体加热到燃点,因此,C类火燃烧速度极快,爆炸的危险性也比A类火、B类火大。适宜用干粉扑灭,如图2-24所示。

图2-24　C类火灾(丙类火灾)

4. D类火灾(丁类火灾)

可燃金属燃烧引起的火灾称为D类火灾。如钾、钠、钙、锶、铝、镁、铀等着火引起的火灾。这些金属燃烧时,燃烧热很大,为普通燃料的5~20倍,火焰温度很高,有的甚至达到3000 ℃以上;而且在高温下金属性质特别活泼,能与水、二氧化碳反应产生大量氢气,从而引起爆炸。常用灭火剂对其完全失去灭火作用,须使用特殊金属干粉灭火。因此,我们将金属火灾从A类火灾中区分出来，单独作为D类火灾，如图2-25所示。

图2-25　D类火灾（丁类火灾）

5. E类火灾（带电火灾）

物体带电燃烧引起的火灾称为E类火灾。带电火灾包括家用电器、电子元件、电气设备（计算机、复印机、打印机、传真机、发电机、电动机、变压器等）以及电线电缆等燃烧时仍带电的火灾，而顶挂、壁挂的日常照明灯具及起火后可自行切断电源的设备所发生的火灾则不应列入带电火灾范围。其灭火的原则是，首先切断电源，断电后的电器火灾可作为甲类火扑救，如无法断电，应采用不导电的二氧化碳和干粉等灭火剂扑救，如图2-26所示。

(1)

(2)

图2-26　E类火灾（带电火灾）

6. F类火灾

F类火灾是指烹饪器具内的烹饪物(如动植物油脂)火灾。如炒菜油锅着火引起的火灾，灭此类火，应迅速盖上锅盖灭火。如没有锅盖，可将切好的蔬菜倒入锅内灭火，也可选用干粉灭火器进行灭火。但切忌用水浇，以防燃着的油溅出来，引燃厨房中的其他可燃物，如图2-27所示。

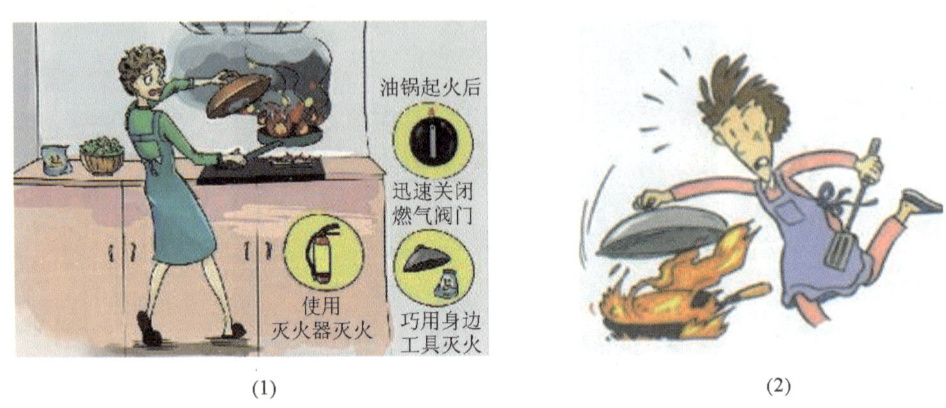

(1)　(2)

图2-27　F类火灾

三、灭火方法

由于燃烧必须满足燃烧的三个条件(三要素)，并且要相互结合、相互作用在一起才能发生燃烧，所以灭火的方法就是使这三个要素不相互发生作用。

1. 隔离法

如不存在可燃物，火就必定燃烧不起来。隔离法就是将可燃物从燃烧的地方移走，将火与可燃物隔离开。如迅速将燃烧物转移到安全地点或投入海中，或拆除火场附近的易燃物，或关闭可燃气体或可燃液体的阀门等，都是采取隔离法进行的灭火措施，如图2-28所示。

(1)

(2)

图2-28　隔离法

2. 窒息法

使可燃物与空气隔绝，火因缺氧而窒息，从而达到灭火的目的，这种方法称为窒息法。如使用不燃的石棉毯、泡沫、干粉、沙子等覆盖在燃烧物的表面，使空气中的氧气起不了助燃的作用或向燃烧的舱室、容器灌入惰性气体及二氧化碳，来降低空气中的含氧量，或关闭火场的门窗、通气筒、舱盖、人孔等以停止或减小空气中氧气的供应，使空气中的含氧量迅速减少。当火灾区域中空气的含量降到11%以下时，对一般可燃物来说，都因缺氧而使火熄灭，如图2-29所示。

图2-29　窒息法

3. 冷却法

降低燃烧物的温度，使燃烧温度低于燃烧物的燃点温度，火就会因热量的降低而熄灭。如用水、二氧化碳等直接喷洒在燃烧物上来降温灭火，又如用水对火源附近的可燃物进行喷射降低温度，阻止火灾的蔓延。

4. 抑制法(化学中断法或中止法)

抑制法是指让被使用的灭火剂参与到燃烧反应中去，使助燃的游离基消失，或产生稳定的或活动性很低的游离基，使燃烧反应终止。如使用干粉灭火剂扑灭可燃气体火灾就属于这种灭火方法。

本章思考题

1. 燃烧的三要素是什么?
2. 船舶发生火灾时，应该从哪几方面控制火灾?
3. 渔船火灾有什么特点?
4. 渔船火灾分哪几类?
5. 渔船油舱着火应采取什么样的灭火措施?
6. 防火控制图主要存放于船舶的哪些位置?

第三章　应急措施

第一节　应变部署

一、应变部署表、应变卡、应急计划和船员应急职责

(一)应变部署表

《国际海上人命安全公约》(SOLAS公约)将同时包含弃船和消防的应急计划称为应变部署表(如表3-1所示),船舶应在开航前制定应变部署表。应变部署表的管理由船长总负责,船副负责应变部署表的编制,经船长批准后公布执行,当船员变动时,应及时修改船舶应变部署表。

应变部署表应使用船舶工作语言编写,张贴在全船各明显处,包括驾驶台、机舱、餐厅和生活区走廊的主要部位。

1. 应变部署表的编制原则

(1)关键部位、关键动作派得力人员。

(2)根据本船情况,可以一人多职或者一职多人。

(3)人员编制应最有利于应变任务的完成。

2. 应变部署表的主要内容

(1)船舶及船公司名称、船长署名及公布日期。

(2)紧急报警信号的应变种类及信号特征、信号发送方式和持续时间。

(3)职务与编号、姓名、艇号、筏号的对照一览表。

(4)航行中驾驶台、机舱、电台固定人员及其任务。

(5)消防应变、弃船求生、施放救生艇(筏)的详细分工内容和执行人编号。

(6)每项应变具体指挥人员的接替人。

(7)有关救生、消防设备的位置。

(二)应变卡

船副应根据船舶应变部署表的布置和人员职责分配,编写应变卡(如表3-2所示),并及时张贴在每名船员的床头,供船员熟悉和执行应急时的职责。

表 3-1　船舶应变部署表

救生设备位置	
救生衣	
救生圈	
求救信号	
艇电台	
应急无线电示位标	
双向无线电话	
抛绳器	
毛毯	

船舶应变部署表

船名：　　　　　　　　船公司：

紧急报警信号：根据船长指令，用报警器或汽笛发出如下紧急报警信号，如有可能并应伴随有线广播、船员听到报警信号后，应立即着装就位。

消防：■ ■ ■ ■ ■ ■ ■ ■ ■ ■(短声连放一分钟)　弃船救生：■ ■ ■ ■ ■ ■ ■ ▬▬▬(七短一长重复连放一分钟)

解除：▬▬▬▬▬▬(一长声)　人员落水：▬▬▬ ▬▬▬ ▬▬▬(三长声)

主要消防设备位置	
消防员装备	
二氧化碳间	
手提式泡沫枪	
消火栓、水龙带	
应急消防泵	
手提式灭火器	
国际通岸接头	
氧气瓶	

编号	1	2	3	4	5	6	7	8	9	10	11	12	13	14	15	16	17	18	19	20	21	22	23	24	25	26	27	28	29	30	31	32	33	34	35	36	37	38	39	40	41	42	43	44	45	46	47	48	49	50
职务																																																		
姓名																																																		
艇号																																																		

弃船救生动作

弃船时任务	执行人	弃船时任务	执行人
放最后求救信号		关闭有关机器，操纵遥控阀门及电钮	
携带船舶证书及重要文件		携带艇电台，携带、投放救生艇（筏）应急无线电示位标	
携带有关海图、航海日志、轮机日志、电台日志		携带双向无线电话	
携带现金及账册		管理操纵抛绳器	
携带食品、毛毯			
关闭水密门窗、舱口、孔道、甲板开口			

放救生艇筏动作与任务

左舷：艇号　筏号　执行人　　　右舷：艇号　筏号　执行人

全封闭式救生艇	救生筏	开敞式救生艇
艇长，持有艇员名单，核对艇员，指挥放艇	管理集合地点应急照明	艇长，持有艇员名单，核对艇员，指挥放艇
副艇长，持有艇员名单，协助艇长工作	松脱静水压力释放器脱钩装置	副艇长，协助艇长工作，操纵放艇机
管理操纵集合地点应急照明和救生艇电气设备	操纵筏架处于降落位置（如有降筏架）	管理操纵集合地点应急照明和救生艇电气设备
打开固艇索脱钩，使固艇索松开	救生筏自动滑入水中或将其抛投水中，拉出充气拉索，使其充气成型	脱前扣绳搭钩，打开艇底前支座或垫木
打开艇架上的制动器，操纵吊艇架	救生筏扶正	脱后扣绳搭钩，打开艇底后支座或垫木
管理登乘梯，检查登乘人员及其救生衣着装，照料登乘	管理登乘梯，检查登乘人员及其救生衣着装，照料登乘	随艇下，管理救生艇后吊缆，出尾缆及止晃索，脱后艇钩，撑篙
操纵艇内遥控拉索，打开刹车，使艇下降到水面时松遥控拉索	抛投救生浮环，协助落水人员登乘	随艇下，管理救生艇前吊缆，出尾缆及止晃索，脱前艇钩，撑篙
操纵艇内自动脱钩手柄，使艇与吊艇索脱开	解脱与船舶连接的拉索，使筏脱离船舶	随艇下，携带救生圈，塞住艇底塞，出艇靠把，撑篙
起动艇机，使艇迅速离开船舶	管理海锚，控制救生筏漂流速度	随艇下，管理救生艇电机
		带艏缆，放登乘梯
		带艉缆，放登乘梯

救生部署

驾驶台	
二副	协助船长，瞭望，操纵车钟，管理烟火探测器
驾助（或实习生）	联络传令，悬挂信号，管理操纵抛绳器，抛投带自亮浮灯和救生索的救生圈
高级值班水手	操舵，协助瞭望，协助驾助工作

电台任务	
无线电员	管理电台，VHF 等通信设备
	协助船长负责船内外通信联系
	根据船长指示，通知弃船救生集合地点

消防部署

消防队任务	执行人	集合地点	救护队任务	执行人	集合地点	技术队任务	执行人	集合地点	机舱任务	执行人	集合地点
队长、现场指挥			队长、救护指挥			队长、现场指挥			现场指挥		
副队长、队长接替人、协助队长工作			副队长、队长接替人、协助队长工作			副队长、队长接替人、协助队长工作			队长接替人、协助队长工作		
消防员、探火、抢险			携带急救箱、救护伤员			管理 CO_2 固定式灭火系统，按船长命令施放			管理操纵主机		
切断有关电路、关闭风机			携带担架			管理操纵固定式膨胀泡沫灭火装置			管理操纵主机和应急发电机		
关闭防火门窗、舱口、孔道、通风筒			安全守卫			管理操纵 1211 管系灭火装置			管理操纵应急消防泵		
管理消火栓、水龙带、水枪			预备人员、待命			管理操纵压力水雾灭火系统			管理操纵机舱固定灭火系统		
携带手提式灭火器						管理操纵自动洒水系统			关闭机舱防火门、天窗、孔道、通风筒		
隔离火场附近易燃物									切断有关油路		
管理国际通岸接头									关闭通风机、切断有关电源		

注：1. 应变部署表中的任务可以一人多职，也可以一职多人。
2. 船长的接替人为大副。
3. 弃船救生集合地点如与登乘地点不同，全体船员听到弃船救生信号后，应穿好救生衣，先到集合地点集合，集合地点一般应在救生艇（筏）甲板。
4. 符合 SOLAS 公约第Ⅲ章第Ⅴ节第 47 条要求的救生艇可做救助艇用。
5. 救助艇的降落可参考救生艇的降落并在放艇任务中适当增设救助、救护和担架人员，具体人员由船长临时指定。
6. 航行途中发生"人落水"时，驾驶台固定人员为：船长、值班驾驶员、高级值班水手等。机舱固定人员为：轮机长、值班轮机员、机工等。
7. 表中"执行人"一栏应填写船员编号。

船长：__________　　　年　月　日

表3-2　应变卡

<table>
<tr><td colspan="4">应变卡</td></tr>
<tr><td>编号</td><td>职务</td><td>艇号</td><td>筏号</td></tr>
<tr><td></td><td></td><td></td><td></td></tr>
<tr><td colspan="4">消防：·······（连放短声一分钟），另后跟警报或汽笛一长声表示前部，两长声表示中部，三长声表示后部，四长声表示机舱，五长声表示上甲板。</td></tr>
<tr><td colspan="4">职责：</td></tr>
<tr><td colspan="4">弃船：······· —（七短一长重复连放一分钟）</td></tr>
<tr><td colspan="4">职责：</td></tr>
<tr><td>人员落水：— — —（三长声）</td><td></td><td></td><td></td></tr>
<tr><td colspan="4">职责：</td></tr>
<tr><td colspan="4">溢油：·— —·（一短两长一短声）</td></tr>
<tr><td colspan="4">职责：</td></tr>
<tr><td colspan="4">堵漏：— —·（两长一短声）</td></tr>
<tr><td colspan="4">职责：</td></tr>
<tr><td colspan="4">解除警报：—（一长声）</td></tr>
</table>

应变卡的主要内容包括：

（1）船名、姓名、职位、应急编号。

（2）救生艇艇号、救生筏筏号。

（3）各种应变信号。

（4）各种应变中的岗位、任务等。

（三）应急计划

船舶应制订正规的应急培训、训练和演习计划，按规定定期进行培训、训练和演习。船长负责船舶应急培训、训练和演习计划的制订和实施。在制订船上应急培训、训练和演习的年度（12个月）计划时，应包括标明的全部紧急情况。除按规定做好必要的应急培训、训练和演习项目外，一般情况下，船舶应每月对已标明的其余的应急情况进行1～2个训练演习。

（四）应急职责

每个人的应急职责在应变部署表、应变卡、公司规章制度和管理文件中应标明。被分配有应急职责的船员在开船前应熟悉自己在应急程序中的有关职责，熟悉在应急反应中所需的知识和技能，使每个船员预先了解他们在应急计划中的职责和权限，一旦出现紧急情况，知道应向谁报告。保持有效的通信,通信号码定期核对(包括非工作期间)。应急反应行动中的岗位职责应与应急训练中的完全一致,以便在紧急情况发生时能组织有效的反应行动。

二、应变信号

船舶通常使用的应变信号有以下6种,当船舶遇到紧急情况时,值班人员或现场发现人员可用报警器或汽笛发出各类警报信号,必要时还可辅以有线广播。

(1)消防:由警铃或汽笛发出连续短声,持续1 min后,另加火灾部位指示信号,一长声表示在船前部;两长声表示在船中部;三长声表示在船后部;四长声表示在机舱;五长声表示在上层建筑。

(2)救生(弃船):由警铃或汽笛连续发出七短一长声,持续1 min。

(3)堵漏:由警铃或汽笛连续发出两长一短声,持续1 min。

(4)溢油:由警铃或汽笛连续发出一短两长一短声,持续1 min。

(5)落水:由警铃或汽笛连续发出三长声,持续1 min。

(6)解除警报:由警铃或汽笛发出一长声(持续4 ~ 6 s)或口头宣布。

三、集合地点

(1)SOLAS公约对集合站的规定,主要供弃船时使用。集合地点的选择应:

①设在容易从起居处所和工作场所到达的地方。

②靠近救生艇(筏)登乘地点。

③能容纳指定在该地点集合的所有人员,并人均至少占地0.35 m^2。

④通往集合与登乘地点的通道、梯道和出口应至少有3 h的应急照明。

⑤从脱险通道到集合地点,应用集合地点的符号引导和照明。

⑥应能将担架病人抬进救生艇(筏)。

(2)其他紧急情况下集合地点的选择:

①设在容易从起居处所和工作场所达到的地方。

②便于采取应急行动处理紧急情况。

③有较宽敞的场地和足够的照明。

④有利于人员安全。

该集合地点可在应急计划中明确规定或授权应急指挥临时确定,并通知到全体船员。

第二节 应急培训、训练和演习

一、应急培训与训练

(1)船舶应根据航区特点、船舶自身实际要求,组织进行培训与训练,提高应急反应熟练程度。

(2)船员上船后,应在2个星期内进行有关使用船上救生设备和消防设备的培训。

(3)全船的消防、救生设备的使用操练,在航次开始后的每2个月内应重复进行一遍,全体船员都应参加。

内容包括:了解本船各处所潜在的火灾危险和防火措施,以及灭火时应采取的补救措施,熟练地使用消防器材、设备;救生艇、筏的操作和使用;低温保护,体温过低的急救护理;在恶劣气候和海况下船上救生设备的使用。

(4)应急培训与训练可利用《训练手册》及船上救生、消防设备的使用说明,作为培训准备教材。

(5)船舶保安的训练,船舶保安员每月组织一次训练,组织船员通过授课讲解和模拟训练的形式进行。内容如下(一次训练可以选择部分内容进行):

①对船舶或港口设施的损坏或破坏,包括恶意行为的防范。

②对劫持或扣留船舶或船上人员的应急反应(对策)。

③对损坏货物、船舶基础设备、系统或船舶物料行为的防范。

④防范、搜寻和看管藏于船上的偷渡人员的技巧。

⑤对武器走私的鉴别。

⑥防范企图利用船舶制造保安事件的人员和其设备上船。

⑦如何避免船舶被作为损坏或破坏的武器。

⑧如何防范船舶在港或锚泊时从海上发动的攻击。

⑨如何防范船舶在海上时受到的攻击。

(6)各类设备的熟练掌握要求

所有大型应急消防设备和救生设备、防油污设备,有关人员应熟练掌握其操作:

①大型灭火系统(如二氧化碳、泡沫):驾驶员、轮机员均应会熟练操作。

②应急舵操作:驾驶员、轮机员应会熟练操作。

③应急发电机:轮机员应会熟练操作。

④消防员装备:所有船员都应会正确穿着防火服、使用其辅助设备。

⑤油水分离器、排污监控装置:轮机人员均应会操作。

⑥救生艇(筏):所有船员均应会正确操作。

⑦应急消防泵:所有船员均应会正确操作。

二、应急演习

(1)船上应急演习的实施要求:

①每月至少应组织进行一次弃船演习、一次消防演习和一次溢油演习。

②每3个月至少应举行一次应急舵演习。

③每3个月至少应举行一次保安演习,由船舶保安员组织实施(实施保安计划的船舶)。

④若有25%以上的船员未参加该船上一个月的弃船和消防演习,应在该船离港后24 h内举行这两项演习。

⑤当船员一次调动达25%以上时,则在调动的一个星期内应进行保安演习。

(2)船舶应按相应的须知文件所规定的周期和要求,进行相应的训练和演习。

(3)应变部署表以及防火控制图应张贴在主要走廊上,应变部署表还应在驾驶台、机舱集控室、餐厅张贴。

(4)所有船员都应熟悉各自的应变职责,并熟记各种应变警报信号。演习时现场指挥应随时抽查个人职责。

(5)应急演习时,全体船员(除值班船员外)都应参加。训练及演习的种类和时间、地点应经常变换,以提高船员的应变能力。演习的集合地点宜选择安全、宽敞、视线较好的场所(如消防演习的集合地点选择船甲板中、船尾等)。

(6)演习结束后,由船长和/或现场指挥进行总结和讲评。

(7)船长应在船舶年度演习计划中做出实施安排,并保证应急演习项目全年覆盖所有标明的紧急情况。

(8)船长应在每年12月份制订下年度的船舶年度演习计划并报备海务主管。计划应满足前述各项要求。

(9)演习的记录:

①船舶应急演习结束后,船副或管轮应将时间、地点及演习训练情况分别简要记入相应航海日志及轮机日志上,并用红笔下画横线。

②电台工作日志上的相关演习记录由船副负责,并用红笔下画横线。

③消防、弃船(救生)、溢油演习记录在船舶应急演习记录簿上,船长评估并签署,其他应急演习记录于船舶应急演练记录薄。演习记录薄在船保存3年备查。

④航海日志前页应登记船舶应急演习日期、时间、类别和内容简介。

⑤溢油演习还需在SOPEP相应附录中记载。

第三节 应急程序

渔船一旦临近事故状态或进入事故状态,就必须紧急抢救。应急是使海上人命财产和海洋环境摆脱或远离事故危险,恢复安全状态的活动过程。成功的应急依赖于训练有素的人员、完备的应急设施和器材、高效率的应急预案、正确的指挥和良好的群体协同。渔船的应急程序主要包括:失控应急、弃船应急、火灾应急、碰撞应急、堵漏应急、防污染应急、制冷剂泄漏应急和人员落水和搜救应急等。

一、失控应急

渔船失控是指船舶出现故障,包括船舶主推进器故障、舵机故障等,在这种情况下,船舶不能自主航行,也不能避让其他船舶。渔船失控应急程序通常包括:

(1)渔船在航行中发生失控时,立即发出警报,召集船员应急,船长去驾驶台,立即采取滞航(大洋及远离海岸航行)及就地抛锚(沿岸航行,水深适宜)等措施。

(2)在采取应急行动的同时迅速报告公司或其代理人,并可根据船位报告就近港口国主管机关或海上搜救中心(对船舶、船员生命构成威胁时)。

(3)在狭水道航行时,如条件允许,可向就近港口机关申请拖船予以协助。

(4)值班驾驶员应加强瞭望,以防本船失控后与他船发生紧迫局面,并按《国际信号规则》和《国际海上避碰规则》的要求显示号灯、号型。

(5)值班驾驶员应使用VHF发布本船目前位置,提醒来船注意,并做好各项记录。

(6)轮机长指挥轮机员迅速进行故障设备抢修工作。

(7)求得岸基支持,采取进一步抢救和抢修工作。

二、弃船应急

渔船发生海事受损严重,处于沉没、倾覆、爆炸等严重危险情况并经抢救确属无效时,船长有权做出弃船决定。但若时间和情况允许,应按海事处理须知的有关规定应先请示公司。渔船弃船应急程序通常包括:

(1)用有效的声响器具发出求生信号。

(2)船长弃船命令下达后,驾驶员必须在电台值守,按规定发送遇险电文,直至发送成功离开。

(3)弃船警报(命令)发出后,全体船员应按船舶应变部署表中职责分工完成各自的弃船准备工作,包括关闭主机、发电机、速闭装置、所有水密门窗、起动应急电源等。

(4)离船前携带国旗、船舶证书、重要文件、海图、甚高频双向无线电话、搜救雷达应答器、卫星应急无线电示位标等,并备足食品、毛毯等救生用具到达指定集合地点。

(5)船长发出登艇弃船命令后,3 min内全体船员登艇,救生艇入水后,在时间允许的情况下,应将救生筏投入水中与救生艇连在一起,以便视情况调整船员。

(6)船长应尽力保持与公司的联系,直至离船。

(7)船长离船前应查询每人所带物品,尤其是通信设备、淡水、药物和食品等,并将彼此联络信号通知各艇艇长,检查全船确无人员后,最后离船。

(8)在驶离大船后,救生艇尽可能保持在出事地点附近待救。

三、火灾应急

渔船一旦发生火灾,应按下列程序应急:

(1)船员发现火灾应立即发出消防警报,就近使用灭火器材进行灭火。

(2)全体船员听到警报后,应立即到达指定集合地点,并按船舶应变部署表的分工进行灭火。

(3)探火人员应迅速探明火源,掌握燃烧物名称、特性、火烧面积、火势蔓延方向等,并迅速报告船长。

(4)如有人在火场受威胁,应立即采取抢救措施。如确定火场无人,应关闭通风口和其他开口,停止通风并切断电源,然后控制火势。

(5)在港外或航行时,应注意操纵船舶减速并使着火区处于下风区域,并按《国际信号规则》的要求显示号灯、号型;在港内发生火灾,要立即向公司和就近海事部门报告。

(6)船长应根据具体情况确定灭火方案,并对是否可能引起爆炸做出判断;消防人员应根据船舶应变部署表的分工和船长的指示全力扑救。

(7)如火势严重,当外援帮助救火时,船长应详细介绍火场情况,并予以配合。

(8)如采用封闭窒息方法灭火,必须经过相当长时间,并组织足够的消防力量做好各种扑灭再燃的准备,才能逐步打开封闭设施,再根据情况予以通风。

四、碰撞应急

渔船在航行中发生碰撞,其后果非常严重,船舶可能因此而进水造成沉没。因此在发生碰撞事故后,应迅速果断地采取应急行动。渔船碰撞应急程序通常包括:

(1)发生碰撞后,船长指示驾驶员或轮机员立即检查本船有无人员伤亡,迅速查明碰撞部位的损坏情况、进水情况、油污染情况及程度,并尽快判明船舶是否处于紧急情况,是否需要救助。船长应迅速报告公司事故发生的时间、地点、碰撞部位、受损程度、气象海况及对方船舶的有关情况等。

(2)如发生人员受伤,应先行组织自救。

(3)如对方船舶处于危急状态时,应使用本船救生设备,尽力抢救对方船员及旅客。

(4)当一船嵌入另一船体时,船长应视情采取慢车顶推等措施减少破洞进水,尽力操纵船舶使破洞位置处于下风侧,便于对方争取时间采取有效的应急措施。

(5)如船体破损进水,船长应立即组织人员排水、堵漏,应根据水流方向和破损部位,尽可能停住本船,减少进水量并使破洞位置处于下风侧。

(6)轮机部应根据船体进水部位的水量,采取相应措施,起动各种水泵进行排水抢救工作。

(7)如船舶进水严重,可选择适当的浅滩进行抢滩。

(8)因碰撞发生油污,按溢油事故应急措施操作。

(9)轮机长应坚守机舱,组织轮机部人员保证主、副机工作正常,对机器和设备的受损情况,立即组织人员进行检查和抢修。

(10)如情况紧急,船长可请求第三方的救助。

(11)船长应指示当值人员做好现场抢险的各项记录,并保存好原来的作业海图及相关海图,以便于事故的处理。

(12)碰撞双方应交换有关船名、呼号、船籍港、船舶登记编号和出发港、目的港及货物等情况。船长应向对方船长递交一份碰撞责任通知书,要求对方船长签字并盖船章。

五、堵漏应急

船舶进水主要是由于搁浅、触礁、碰撞、船舶老旧、水密失灵、造船缺陷、严重横倾、武器攻击等原因引起。船体破损进水后,如果进水速度大于本船排水速度,船舶安全会受到威胁。因此,船舶一旦进水,制止进水的方法就是堵漏,以及相应的排水及应变过程中的伤员救护。船舶一旦进水,就应按下列程序应急:

(1)发现船舶漏损进水,应立即发出堵漏警报(警铃或汽笛两长一短,连放 1 min)召集船员,报告船长并通知机舱。全体船员听到警报信号后,按应变部署分工,携带规定的堵漏器材,迅速赶赴现场,做好堵漏准备。

(2)立即报告公司,并根据所处位置报告附近港口主管机关或水上搜救中心。

(3)堵漏人员和隔离人员迅速查明漏损部位、损坏情况和进水量等,并立即报告船长确定施救方案,命令相关人员投入施救,同时,安排轮机员测量淡水舱、压载舱、污水沟等处的水位,各油舱液位。船长安排人员测定破洞的位置、破洞大小及进水情况。

(4)船舶发生漏损后,船长应通知机舱备车,立即采取停车或减速措施,以减少水流和波浪对船体的冲击。若已查明漏损部位,应用车舵配合将漏损部位置于下风侧,以减少进水量。

(5)一经发现进水部位,应立即通知机舱排水,机舱应积极响应,同时,隔离人员紧闭进水舱四周的水密门和隔舱阀等,使进水舱与其他舱室隔离,考虑临近舱壁强度,必要时予以加固。

(6)堵漏人员直接担负堵漏和抢修任务,实施行之有效的堵漏措施。船长和驾驶员根据漏损情况发展,及时调整部署。

(7)轮机长率领排水人员使用所有水泵(包括便携式水泵)合力排水,并根据情况注入、排出和驳移压载水,保持船体平衡。

(8)指派人员定时量水(并派专人不断观察和记录艏、艉吃水)和干舷高度变化,估计进水量和排水量之差,判断险情的发展和大量进水对船舶稳性及浮力的影响。

(9)若进水严重和情况紧急,船长应请求第三方援助,如条件允许,则择地抢滩。如船长确认堵漏无效,船舶面临沉没时,有权宣布弃船。

(10)船长应指示值班驾驶员做好详细记录,向公司和有关当局报告。

(11)船舶进水以碰撞/触礁为主,船舶进水应急可按船舶碰撞/触礁(进水)应急计划进行部署。

六、防污染应急

船上的油类、有毒有害物质、油性混合物、压载水、洗舱水、船舶垃圾和生活污水等的意外排放和违章排放都会造成水域污染。船舶一旦发生污染,应迅速反应,竭尽全力控制和消除污染。迅速报告有关当局并听从指挥,接受当局的调查和处理,赔偿污染损害。船舶一旦发生污染,除不可抗力原因外,不论船方有无过失,一概按污染损害后果承担法律责任。因此船舶发生或可能发生污染时,每位船员都应全力以赴应急,防止和减轻污染损害。

根据《国际防止船舶造成污染公约》(MARPOL 73/78公约)附则Ⅰ第26条规定:150总吨及以上的油船和400总吨以上的非油船,均应备有主管机关批准的船上油污应急计划。该计划主要用于帮助船员处理意外的排油。当船舶发生或可能发生油污事故时,指导船长、船员采取必要措施,以控制或减少排放或减轻其危害。

以船舶溢油应急预案为例:

(1)任何船员发现本船发生溢油事故,应立即采取应急措施,同时向船长或值班驾驶员报告。船长或值班驾驶员接到报告后,应立即发出溢油报警信号(一短二长一短声,连放一分钟),全船人员按船上油污应急计划中的"检查表"和应变部署表实施应急反应。

(2)发生溢油的船舶在实施应急反应的同时,应立刻按船上油污应急计划中的报告要求通过有效的通信手段向应急领导小组和主管机关报告,内容包括:

①发生溢油事故的船名、日期和时间、船位、溢油部位和事故原因、溢油的估计量。

②溢油海区的气象情况,包括流速和流向、浪高和风浪的方向等。

③船上货物及燃油的种类、数量。

④溢油控制情况，被污染海区面积，正在采取的措施，要求的援助。

(3)应急领导小组协助和指导船舶制订有关处置方案，并协调有关力量和资源协助和指导船舶实施应急。

(4)当溢油事故危及人员、船舶安全时，船长有权实施人员撤离或弃船计划，以确保人身安全。

(5)对溢油采取的行动按船上油污应急计划执行。

七、制冷剂泄漏应急

船舶常用制冷剂有氟利昂和氨。氟利昂无毒无味，泄漏后迅速汽化，浓度达到一定程度后可导致窒息，汽化后会产生低温，身体接触会冻伤。氨是一种无色而具有强烈刺激性臭味的气体，也是一种碱性物质，它对接触的皮肤组织有腐蚀和刺激作用。它可吸收皮肤组织中的水分，使蛋白质变性，并使组织脂肪皂化，破坏细胞膜结构。氨的溶解度极高，主要对上呼吸道有刺激和腐蚀作用，浓度过高时除腐蚀作用外，还可通过三叉神经末梢的反射作用引起心脏停搏和呼吸停止。渔船发生制冷剂泄漏时，应做到：

(1)立即发出警报，清点人数，分派抢险、抢修任务。

(2)若有人员受伤或被制冷剂伤害，应根据制冷剂的不同进行应急处置，必要时请求公司进行岸基的无线电医疗援助。

(3)轮机长应组织人员关闭相关管路，切断制冷剂泄漏源，起动风机进行充分通风，并派遣人员佩戴呼吸器和安全绳到达泄漏处所查找泄漏点。

(4)如发现人员失踪，船副应立即派遣救援人员携带呼吸器和救援安全带到达泄漏处所搜寻救助。

(5)如因泄漏，人员必须撤离机舱而影响船舶安全航行时，船长应就近抛锚或漂航，进行修理。

(6)船长应考虑到因暂时停止制冷而对货物产生的影响，必要时请示公司，请求援助。

八、人员落水和搜救应急

渔船由于吨位小，在海上航行摇晃颠簸严重，很容易造成人员落水，渔船人员落水和搜救应急程序通常包括：

(1)航行中发现人员落水时，值班驾驶员应迅速按下GPS上“SAVE”或“MOB”按钮，记录人员落水概位，并立即抛下带有自亮灯浮的救生圈。

(2)立即向人落水一舷操满舵甩开船尾，然后根据不同外界环境，或采用单旋回法(270°操纵/立即行动时)，或采用WILLIAMSON旋回(延误行动时)，或采用斯恰诺旋回法(人员失踪时)进行搜救。

(3)用有效的声响器具发出人落水警报(警铃或汽笛连续发出三长声，持续1 min)，全体船员迅速按应变部署表到达各自岗位。

(4)船长立即报告公司指定人员及调度室，并根据船位报告就近港口主管机关或海上搜救中心。

(5)船长或驾驶员用VHF通报附近船舶及就近港口当局。

(6)按应变部署表的职责规定,救生人员应于救生信号发出后2 min内穿着救生衣,携带规定的救生器材到达指定地点,同时做好释放救生艇的准备工作。

(7)指挥操纵救生艇,释放/回收救生艇。

(8)在救生警报信号发出后,机舱固定人员在轮机长领导下即刻做好主机随时变速的准备。

(9)保持与公司的联系,按公司应急小组的指示(意见)指导搜救。

(10)将搜救情况和以下事项报告公司,并按公司指示做好善后处理工作。

①事故状况。

②落水者姓名。

③救生开始、结束的时间、地点。

④救生方法、天气等情况。

⑤被救者的健康状况等。

本章思考题

1. 船上的应急培训、训练和演习有哪些?
2. 应变部署表张贴在船上哪些地方?
3. 船舶通常使用的6种应变信号有哪些?
4. 船舶失控,应如何应急?
5. 船舶发生火灾,应如何应急?

第四章　海上急救

第一节　急救概述

急救,在人们的印象中是一门非常专业的学科,似乎不管在任何时候都是由专业医护人员来完成。急救知识已在社会上广泛普及,海上船员也需要普及。船上由于缺乏医护人员及药物,或求助不及时,常常致使病情恶化,甚至危及生命。若能及时采取正确的院前急救措施,可有效挽救患者的生命,降低伤残率、死亡率,提高抢救成功率,因此,普及急救知识具有重要意义。

一、急救的目的和原则

1. 急救的目的

(1)抢救和维持患者生命。

(2)改善病情,减轻患者的痛苦。

(3)防止病情恶化,预防并发症和后遗症。

2. 急救的原则

(1)判断病情,分轻重缓急救治。

(2)恢复心跳、呼吸。

(3)止血,防止休克。

(4)外伤性骨折者,先止血,后包扎,再固定。

(5)原因不明的疼痛,禁用镇痛药。

(6)意识不清或疑有内伤者,禁食、禁饮。

(7)排除中毒物质,阻止进一步损害。

二、急救的优先顺序

急救的目的就是采取及时有效的措施和技术,能最大限度地减轻患者的痛苦,降低伤残率和死亡率,为抢救打好基础,因此实施急救必须遵守优先顺序。

1. 先排险后施救

首先评估环境，确保安全无险情，然后再施救。

2. 先复苏后固定

患者有心脏骤停并伴有骨折者，先给予心肺复苏，再进行骨折固定。

3. 先止血后包扎

外伤性出血者，首先止血，后消毒，再进行包扎。

4. 先重伤后轻伤

当有大量伤员时，应优先抢救危重者，后救治轻伤者。

5. 先救后送

对危重患者应先在现场抢救，再送医院。

6. 边自救边求助

在急救现场实施抢救同时，还要呼叫周围的人来协助，并拨打急救电话求助。

三、外来援助

船上医疗条件受限制，当患者病情危重时，经过院前救治后，应通过外来医疗援助或无线电医疗指导。必要时，向主管部门请求直升机救援。

第二节　常用的消毒灭菌法

一、常用的消毒灭菌法及基本原则

1. 常用的消毒灭菌法

(1)常用的物理消毒灭菌法：燃烧法、煮沸法、日光曝晒法、紫外线灯管消毒法、高压蒸汽灭菌法。

(2)常用的化学消毒灭菌法：浸泡法、喷雾法、擦拭法、熏蒸法。

2. 消毒灭菌基本原则

(1)重复使用的诊疗器械、器具和物品，使用后应先清洁，再进行消毒或灭菌。

(2)气性坏疽及突发不明原因的传染病病原体污染的诊疗器械、器具和物品，应选用一次性使用诊疗器械、器具和物品，使用后应进行双层密闭封装焚烧处理。

(3)耐热、耐湿的手术器械，应首选压力蒸汽灭菌，不应采用化学消毒剂浸泡灭菌。

(4)环境与物体表面，一般情况下先清洁，再消毒；当受到患者的血液、体液等污染时，先去除污染物，再清洁与消毒。

(5)使用的消毒产品应经卫生行政部门批准或符合相应标准技术规范,并应遵循批准使用的范围、方法和注意事项。

二、常用的化学消毒剂

常用的化学消毒剂如表4-1所示。

表4-1 常用的化学消毒剂

消毒效力	消毒剂名称	浓度	适用范围
高效消毒剂	医用双氧水	3%	用于除臭、收敛,清洗、消毒创面
	医用碘酊	2%	用于注射及手术部位皮肤的消毒
	漂白粉(含氯)	1%~3%	用于物品、物体表面、分泌物、排泄物消毒
	戊二醛	2%	用于器械、器具、物品的浸泡消毒
中效消毒剂	医用碘伏	0.5%	用于手、皮肤、黏膜、创面消毒
	医用酒精	75%	用于手、皮肤、物体表面及诊疗器具的消毒
低效消毒剂	新洁尔灭	0.1%	用于皮肤、黏膜的消毒
	洗必泰	2%	用于房间、家具的消毒

三、无菌技术操作原则

(1)环境清洁,停止清扫地面,减少走动。

(2)操作者修剪指甲,洗手,戴帽子、口罩,必要时戴无菌手套。

(3)无菌物品和非无菌物品应分别放置,无菌包应注明物品名称、灭菌日期,并按有效期及失效期的先后顺序来放置。无菌包未污染情况下,保存期一般为7天,过期或潮湿应重新灭菌,开盖的溶液24 h内有效,无菌盘内药液4 h内有效。

(4)无菌物品使用前须检查容器或包装是否完整,有破损者不得使用。

(5)取无菌物品时,必须使用无菌钳(镊),无菌物品一经取出,即使未使用,也不可重放回无菌容器内。

(6)操作时,不可面对无菌物品讲话、咳嗽、打喷嚏,若怀疑无菌物品被污染,不可继续使用。

(7)一套无菌物品,仅供一位患者使用,防止交叉感染。

(8)所用过的器材,应立即放入相应容器中,统一处理。

第三节 常用急救技术

一、心肺复苏术(CPR)

心肺复苏术是对心脏骤停者恢复其自主心跳、呼吸所采取的生命抢救技术。其目的是促进血液循环,使血液携带氧到人体重要脏器,保障其基本功能,维持生命,提高复苏效率。

(一)具体操作步骤

1. 判断环境

观察周围环境,确保安全。

2. 判断意识

轻拍患者的双肩(禁止摇晃患者头部或拍打面部,防止损伤颈椎),同时在双耳旁呼其姓名或称谓,如图4-1所示,掐压人中或眼眶。

图4-1 意识判断

3. 呼救

判断患者没反应后,高声呼叫周围的人并拨打急救电话。

4. 摆体位

使患者仰卧于地面上或坚硬的平面板上。

5. 判断心跳及呼吸

判断心跳及呼吸应同时进行,时间应小于10 s。安静状态下,正常成年人脉搏为60~100次/分,呼吸为16~20次/分。

施救者一手食指与中指并拢,置于患者气管正中(喉结)旁2~3 cm的软组织深处,触摸颈动脉,同时用脸颊及耳贴近患者的口鼻部,看患者胸廓是否有起伏、是否有呼吸,感觉是否有气息,如图4-2、图4-3所示。

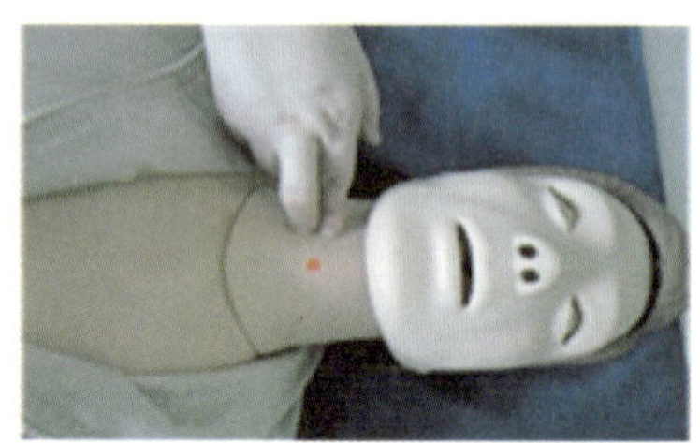

图4-2 触摸颈动脉方法

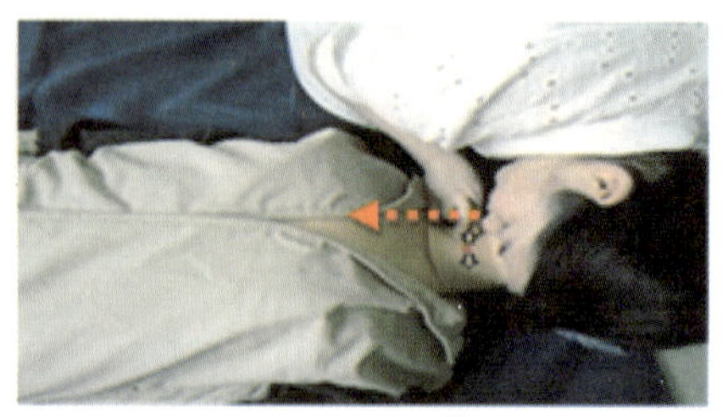

图4-3 判断心跳和呼吸

6. 松解衣物

解开衣物、领带、腰带等。

7. 胸外心脏按压

施救者位于患者一侧，将一只手掌根部放在患者胸骨中下段（双乳头与前正中线交界处），另一只手放在前一手背上平行重叠，五指交叉紧扣，并翘起，两臂伸直，以上身的体重垂直下压，使胸骨下陷5 cm，每一次按压后要让胸廓充分回弹，但手掌始终不离开按压部位。按压与放松的时间应相等。成人按压频率至少100次/分，按压与人工呼吸次数比例为30:2，如此反复与人工呼吸交替。按压5次（5个30:2）后，进行复苏效果判断，判断要迅速，时间为5～10 s，如图4-4、图4-5、图4-6所示。

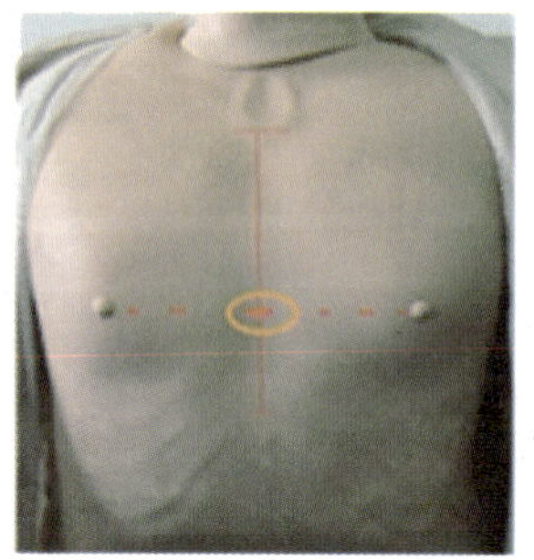

图4-4 胸外心脏按压部位

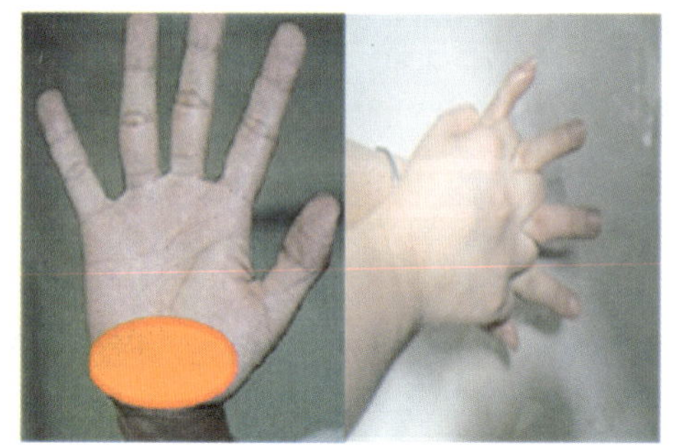

图4-5 按压手法

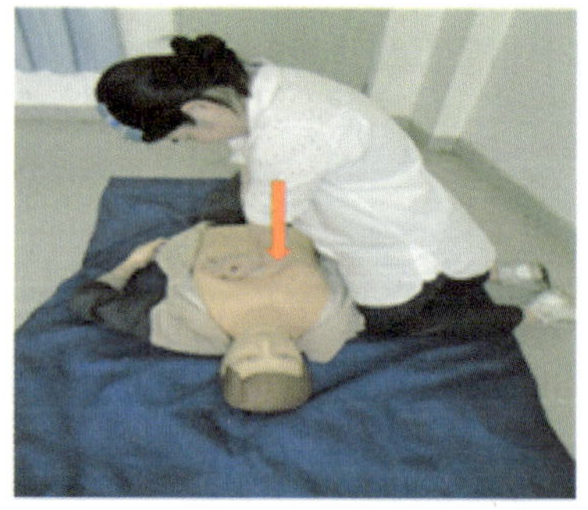

图4-6 按压姿势

8. 清理并畅通气道

(1)检查并清理口腔、鼻腔内的异物,置患者头部偏向一侧(怀疑颈椎骨折者禁用),一手拉下下颌并打开口腔,另一只手用食指将口腔内的异物掏出,如图4-7所示。

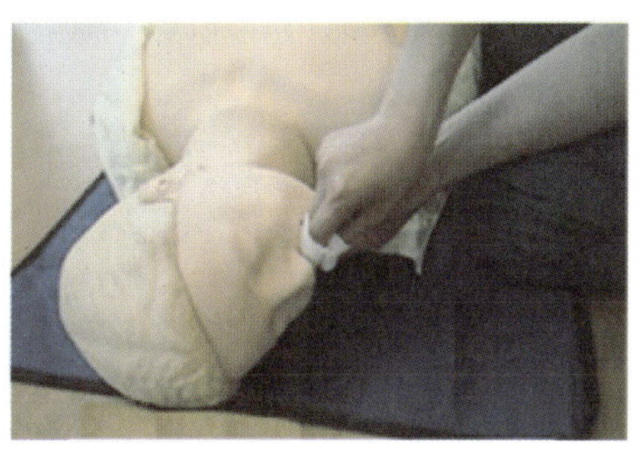

图4-7　清除口腔异物

(2)畅通气道

①仰头抬颏法:最常用的方法,用于无明显头、颈部受伤患者。施救者一手以小鱼际置前额,手掌使力向后压并使头向后翘,另一只手的手指放在靠近颏部的下颏骨下方(手指不要深压颏下软组织,以防气道阻塞),将颏部上抬至下颌角与耳垂的连线与地面垂直90°位置,如图4-8所示。

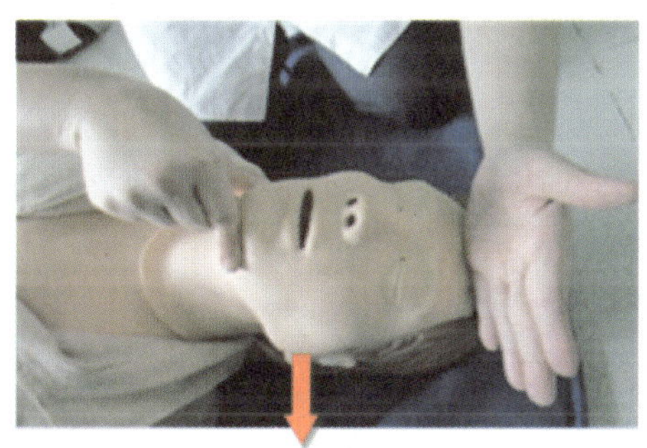

图4-8　仰头抬颏法

②双手托颌法:怀疑患者颈部受伤时,施救者位于患者的头与肩中间,双拇指分别置于患者口角旁,余四指托住患者下颌部位,在保证头部和颈部固定的前提下,将患者下颌向上抬起,使其下齿高于上齿。避免搬动及左右摇动颈部,如图4-9所示。

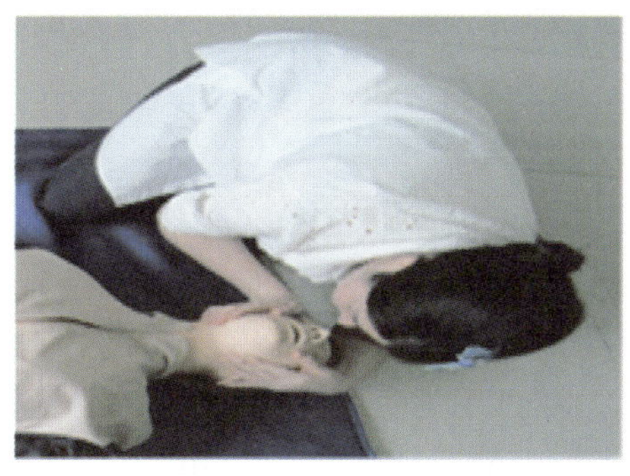

图4-9　双手托颌法

9. 人工呼吸

口对口人工呼吸是最简单、最有效的方法。施救者一手托患者的下颌使头后仰，张开下唇，用放在患者额部上的手捏住鼻孔，吸气后嘴唇包住患者口部，平稳地吹气，超过1 s，确保呼吸时病人胸廓起伏，松开捏鼻孔的手，让患者凭其胸肺弹性自动回缩呼出气体，如此反复进行，成人8～10次/分，如图4-10所示。

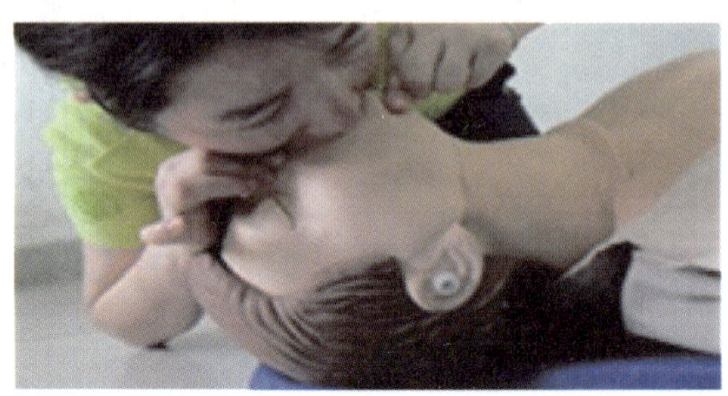

图4-10　口对口人工呼吸方法

10. 复苏后的有效指征及体位

（1）复苏后的有效指征

大动脉出现搏动；瞳孔缩小（正常瞳孔大小为2.5～4 mm）；皮肤转红润；自主呼吸恢复；昏迷程度变浅，出现各种反射；肢体出现无意识挣扎动作、呻吟等。

（2）复苏后体位

将患者一只手置于肩上，另一只手放置胸前，同侧下肢放置另一侧下肢上，施救者一只手固定颈部，另一只手固定腰部，同时向对侧翻，如图4-11所示。此操作禁止用于颈椎骨折者。

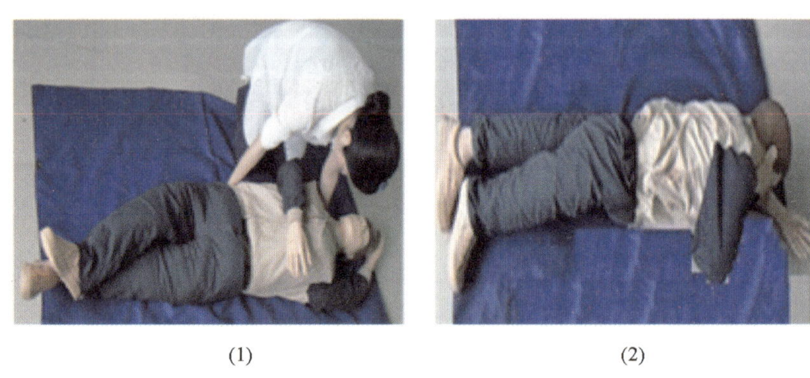

(1)　　(2)

图4-11　复苏后体位

（二）注意事项

（1）成年患者心脏按压与人工呼吸同时进行时，不论单人或双人抢救，比例都为30∶2，即心脏按压30次，口对口吹气2次。

（2）心脏按压操作时用力要适当，避免用力过大引起肋骨骨折。

（3）吹气时间持续1 s以上，并能明显看到胸廓起伏。

(4)每次吹气量在500～600 mL(6～7 mL/kg),避免过大,防止胃部胀气。

二、止血方法

当患者出现外伤大出血(约1500 mL)时,就会严重威胁生命,因此及时有效地止血和包扎,能减少伤员的死亡。

(一)原则

原则是根据出血部位及现场的具体条件选择最佳方法。

(二)常用止血方法

1. 直接压迫法

直接压迫法适用于任何伤口,一般将无菌的敷料或纱布等直接按压在伤口止血,如图4-12所示。

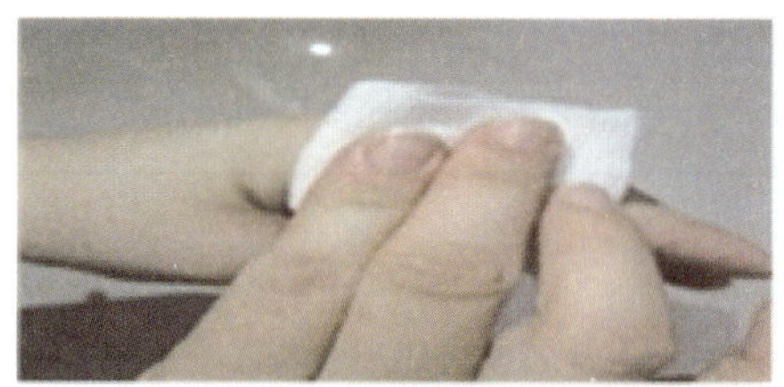

图4-12　直接压迫法

2. 加压包扎法

加压包扎法适用于小动脉出血,用无菌敷料覆盖伤口,然后用绷带加压包扎。加压力量以能止血而肢体远端仍有血液循环为度,该操作禁用于有骨折或异物者,如图4-13所示。

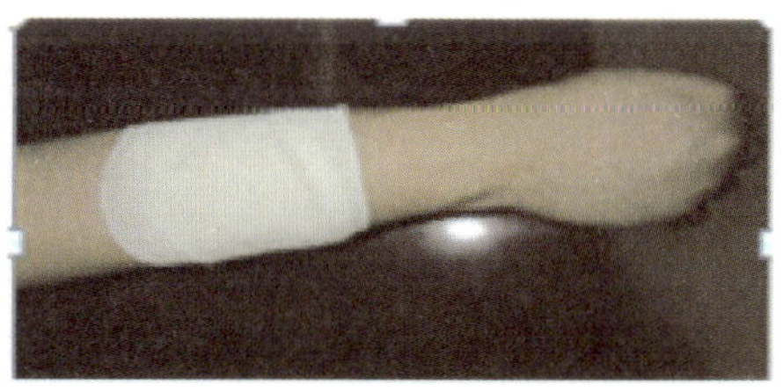

图4-13　加压包扎法

3. 填塞法

填塞法适用于颈部、实质性脏器或其他较大而深难于加压包扎的伤口。将无菌敷料填塞入伤口内压紧,外加敷料加压包扎。

4. 指压法

指压法是现场止血中紧急、快速、临时的方法,适用于大动脉出血,用拇指压住伤口近心端,将动脉压向深部的骨头上,阻断血流(如图4-14、图4-15所示)。人体动脉止血点如图4-16所示。人体常用的止血点,如表4-2所示。

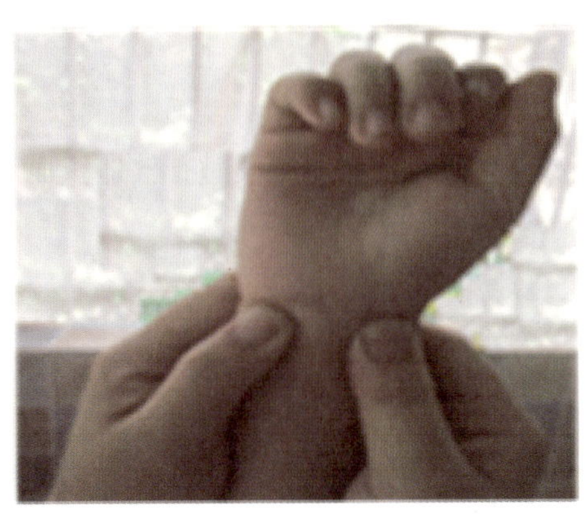

图4-14　尺、桡动脉指压法

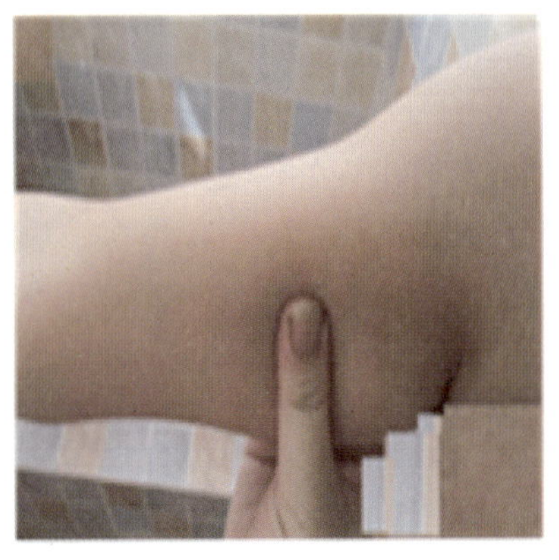

图4-15　肱动脉指压法

表4-2　人体常用的止血点

止血点	适用范围	位　置
颞浅动脉	前额、颞部、头顶动脉出血	双侧耳屏前上方的凹陷、搏动处
面动脉	颌面部动脉出血	下颌角前上方1.5 cm动脉搏动处
颈总动脉	颈动脉出血	胸锁乳突肌前缘搏动处
锁骨下动脉	肩部、腋窝及上肢动脉出血	锁骨上窝中点动脉搏动处
肱动脉	手部、前臂动脉出血	上臂肱二头肌内侧缘搏动处
尺、桡动脉	手部动脉出血	腕部横纹上方两侧搏动处
指动脉	手指动脉出血	手指根部两侧搏动处
股动脉	下肢动脉出血	腹股沟韧带中点稍下方搏动处
腘动脉	小腿、足部动脉出血	腘部横纹中点搏动处
足背动脉	足背动脉出血	足内、外踝连线中点
胫后动脉	足部动脉出血	足内踝后侧搏动处

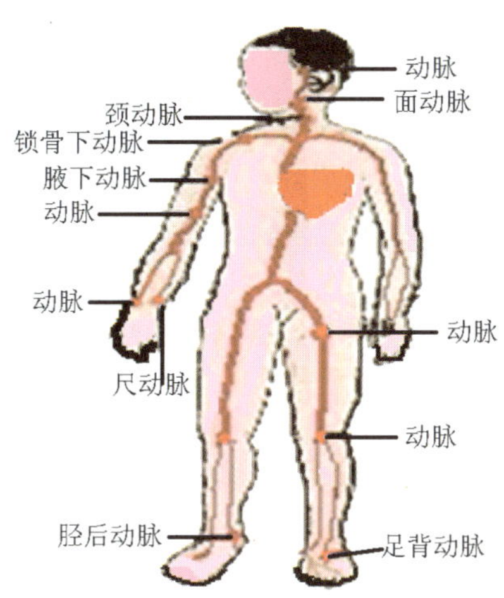

图4-16　人体动脉止血点

5. 止血带(卡扣式)止血法

止血带(卡扣式)止血法适用于四肢大动脉出血或其他方法不能有效地止血而采取的方法。

上肢卡扣式止血操作步骤如图4-17所示。

(1)在止血的部位皮肤上置于衬垫。

(2)轻压脉带锁止阀上的按钮,后置于伤口近心端(上端)。

(3)再将卡扣插回锁止阀,拉紧松紧带。

(4)注明扎上止血带的时间,观察患肢末端血液循环情况。

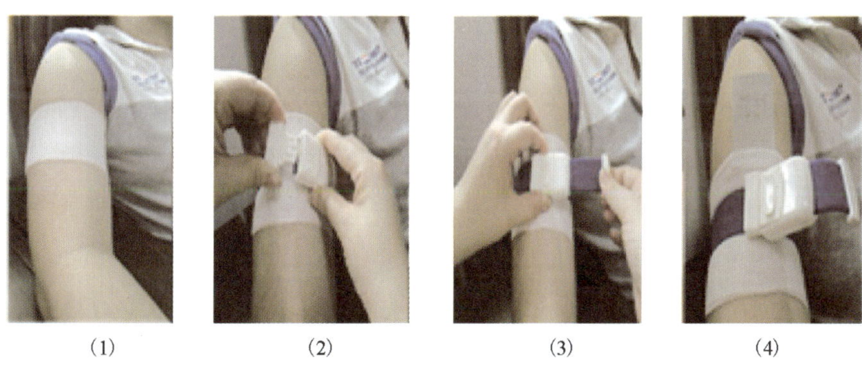

(1)　(2)　(3)　(4)

图4-17　止血带(卡扣式)止血法

6. 绞紧法

紧急情况下,采用绞紧法用布带代替卡式止血带。

上肢绞紧法操作步骤如图4-18所示。

(1)在止血部位加衬垫,再将3～4 cm宽布带绕伤肢(伤口近心端)一圈,两端向前拉紧打活结。

(2)以绞棒(如小木棒、笔、筷子等)插在带圈内,提起绞棒顺时针方向绞紧。

(3)将绞棒一端插入活结环内,拉紧活结固定绞棒。

(4)注明扎上止血带的时间,观察患肢末端血液循环情况。

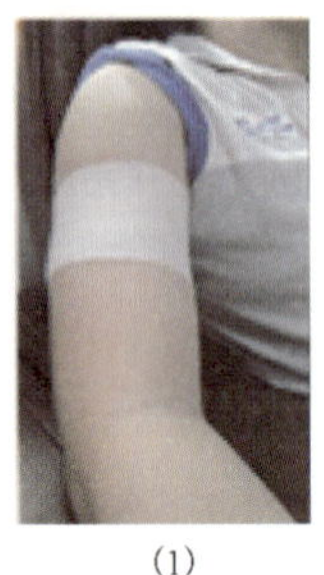
(1)

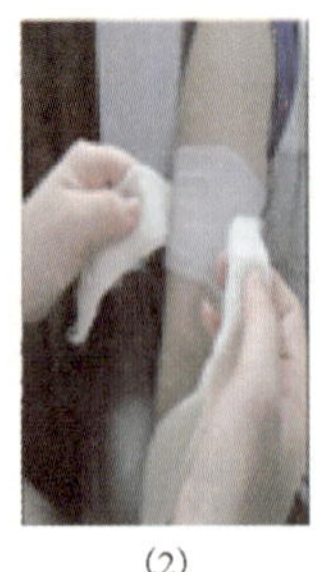
(2)

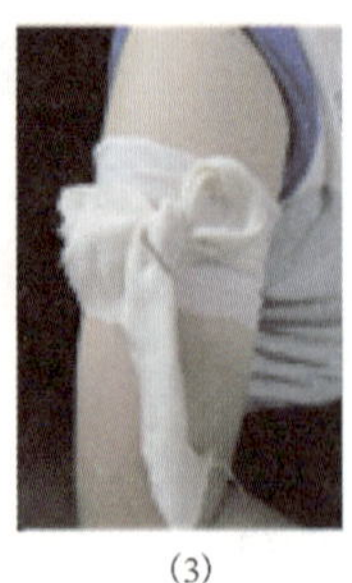
(3)

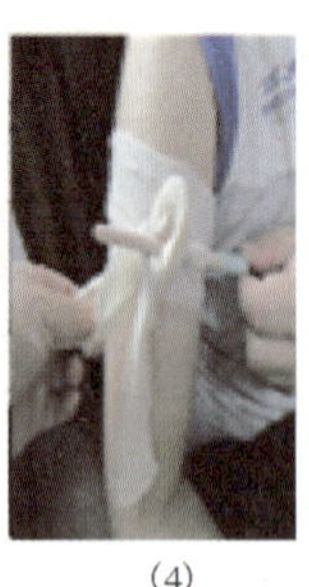
(4)

(5)

图4-18　绞紧止血法

(三)注意事项

(1)严禁使用铁丝、电线、绳索等做止血带。

(2)上止血带前加衬垫,防止勒伤皮肤,松紧要适宜,以观察伤口不出血为度。

(3)做出明显标记,并注明止血时间,定时放松,首次1 h放松一次,以后应每30 min放松一次,放松时间为1～3 min,不超过3 min,放松时应用手指压近侧的主动脉主干,以减少出血。

(4)止血带只能用于捆扎四肢,禁止捆扎头部、颈部或躯干部。

(5)上肢扎止血带切忌扎在中部,以免损伤桡神经;下肢扎止血带切忌扎在上部,以免损伤股神经。

三、包扎法

目的:保护伤口,防止感染,压迫止血,固定敷料、夹板,促进伤口愈合。

基本原则:

(1)严密、稳定、美观、整洁。

(2)压力均匀,有弹性。

(3)松紧适度。

(一)绷带包扎常用的方法

1. 环形法

环形法是最基本的方法,用于肢体呈圆形、直径相等部位(如手腕、颈部等)。将绷带作环形重叠缠绕,第1圈的环绕稍作斜状,第2圈将第1圈斜角压于环形圈内,最后环绕数周用胶布固定,如图4-19所示。

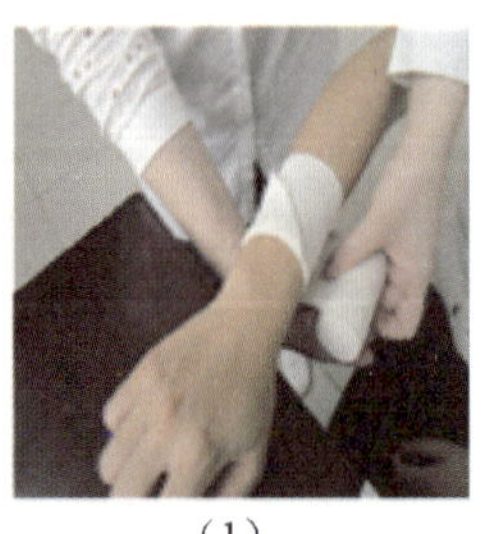
(1)

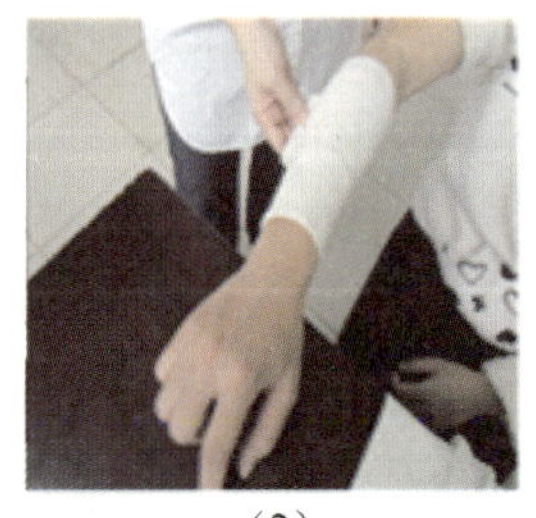
(2)

图4-19　环形包扎法

2. “8”字形法

“8”字形法适用于关节部位（如肩、肘、髋、膝等关节部位），环形开始两圈后，以关节为中心，将绷带一圈向上，一圈向下交叉缠绕，每圈遮盖前一圈的1/3～1/2，如图4-20所示。

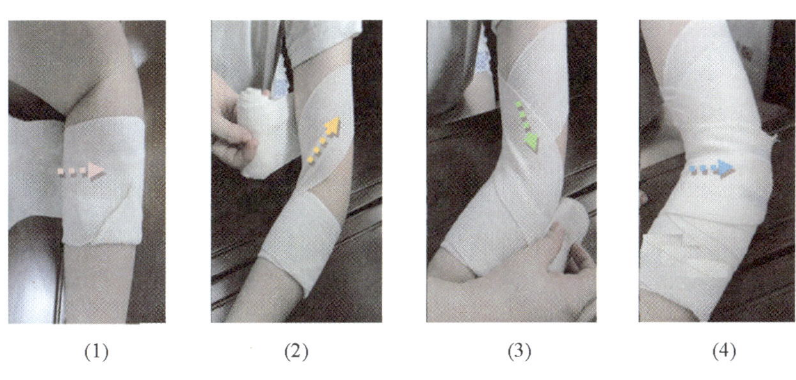

(1)　(2)　(3)　(4)

图4-20　“8”字形包扎法

（二）三角巾（图4-21所示）包扎法

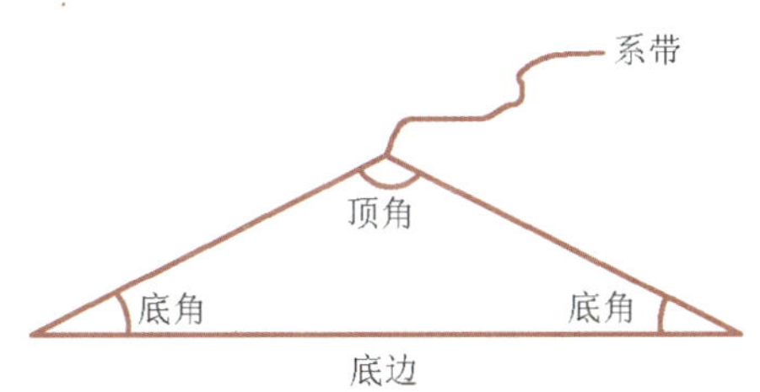

图4-21　三角巾

1. 头部包扎法

将三角巾底边反折2～3 cm，正中点放在伤员前额眉弓上部，经耳上将两底角与顶角拉到枕后，压住顶角后交叉，与顶角一起再经耳上到额部拉紧打结，如图4-22所示。

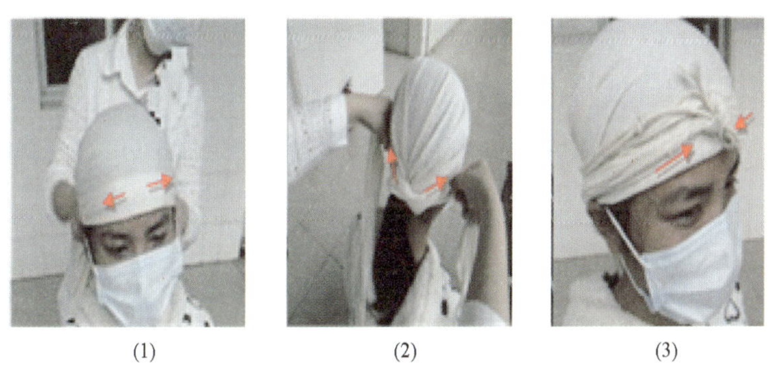

(1)　(2)　(3)

图4-22　头部包扎法

2. 单肩包扎法

三角巾顶角越过伤侧肩颈部，系带从后经腋下沿三角肌下缘处环绕上臂两周固定，将外侧底角折回肩部过后背与另一底角在对侧腋下打结，如图4-23所示。

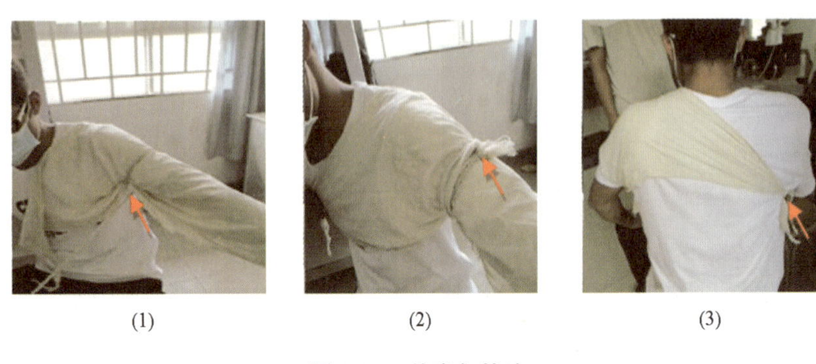

(1) (2) (3)

图4-23 单肩包扎法

3. 双胸包扎法

双胸包扎法：将三角巾折成燕尾状，并在底部反折两指，横放于胸部，底边在剑突下两横指，燕尾角对准胸骨上窝，将长的燕尾底边围到对侧腋下打结，再将打结头端向上与两燕尾角在肩上打结，如图4-24所示。

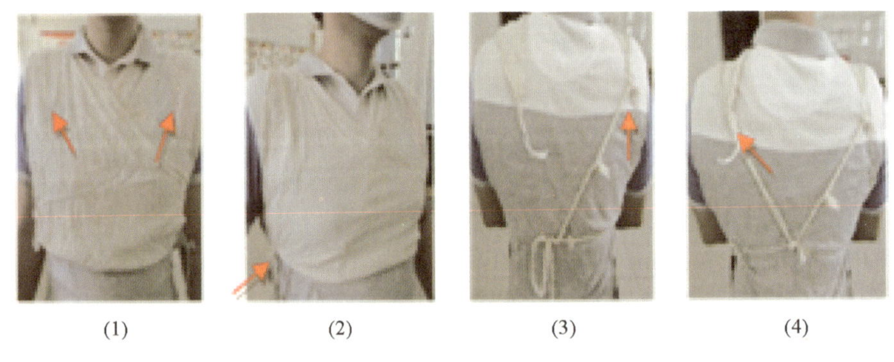

(1) (2) (3) (4)

图4-24 双胸包扎法

4. 手(足)部包扎法

手(足)放在三角巾中间；中指(趾)对着顶角，将顶角上翻盖住手(足)背，然后两角在手(足)背交叉压住顶角，绕腕(踝)关节打结，手(足)部包扎法，如图4-25所示。

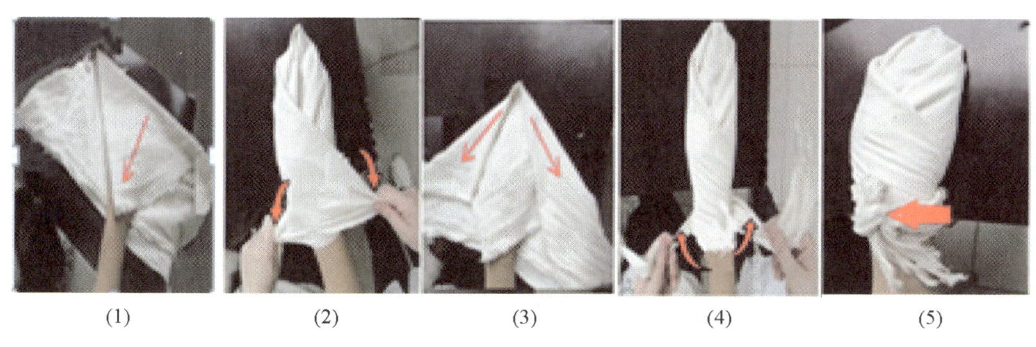

图4-25 手(足)部包扎法

四、骨折固定术

基本原则:固定牢固,松紧适度,减轻疼痛,防止移位及继续损伤,便于转运。

方法:患肢放置功能位置,加放衬垫,将夹板附在患肢两侧,应固定远近两个关节以上,后用绷带固定打结,如图4-26~4-35所示。

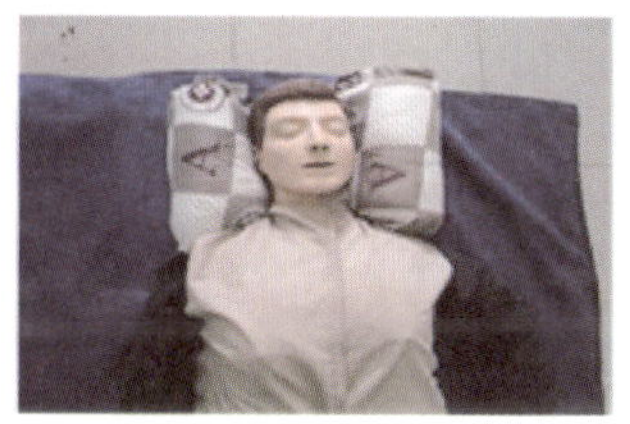

图4-26 颈椎骨折固定法

图4-27 脊骨骨折固定法

图4-28 锁骨骨折"8"字固定法

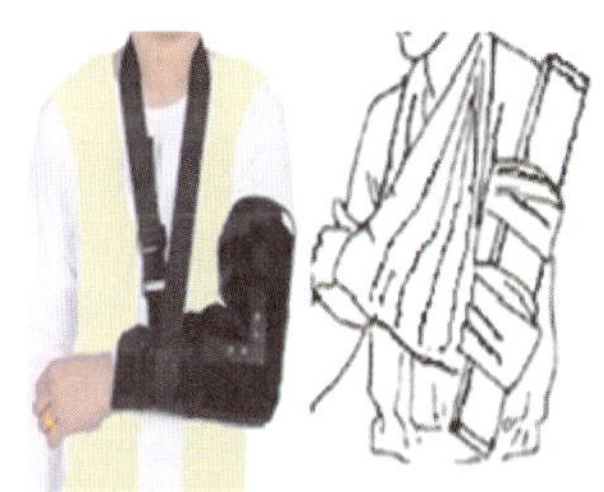

图4-29 肱骨骨折固定法

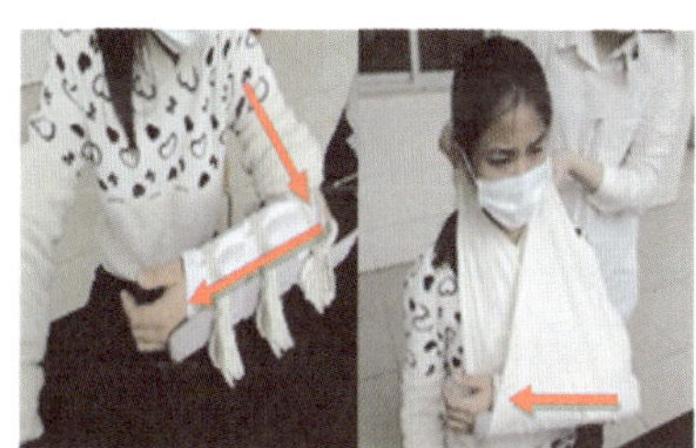

图4-30 前臂骨折二角巾固定法

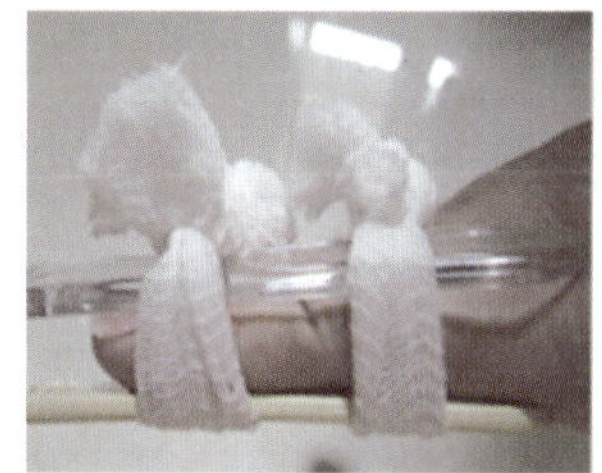

图4-31 指骨固定法

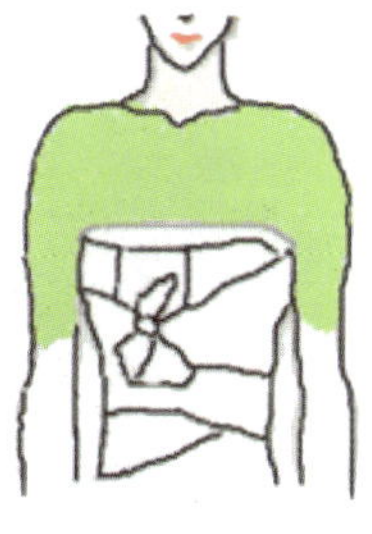

图4-32 肋骨骨折固定法

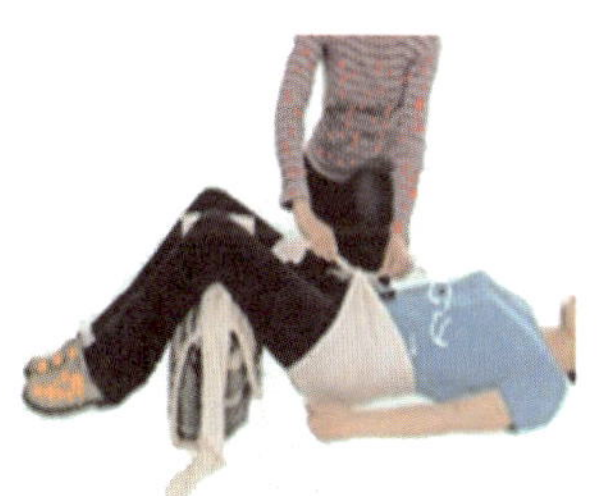

图4-33 盆骨骨折三角巾固定法

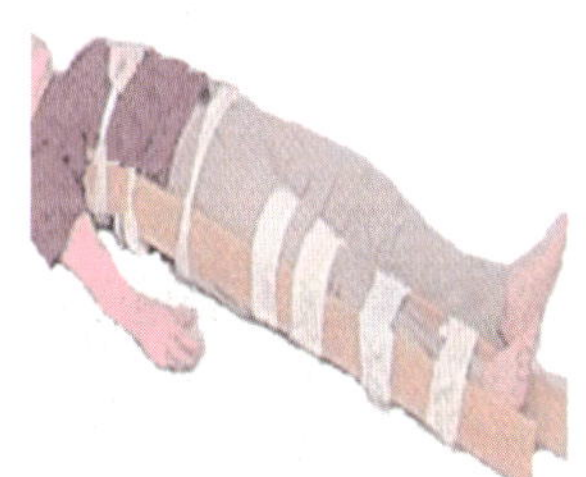

图4-34 股骨折固定法

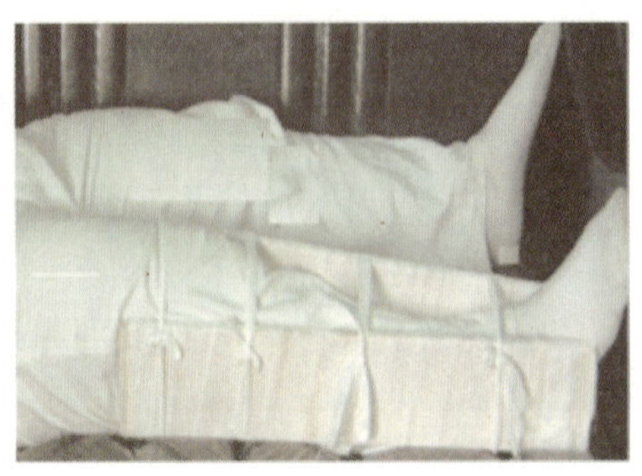

图4-35　小腿骨折骨定法

五、搬运法

目的：使患者迅速脱离危险现场，防止再次损伤，便于急送医院进一步治疗。
原则：根据患者的病情及路程选择搬运方法。
分类：分为徒手搬运法及器材搬运法。

（一）徒手搬运法

徒手搬运法适用于病情轻、路程短，可用单人、双人、多人搬运。

1. 扶持法

施救者站于患者一侧，使患者靠近施救者并将其臂揽着肩部，施救者用外侧的手牵着患者的手腕，另一手伸过患者背部扶持其腰部行走，如图4-36所示。

2. 抱持法

施救者站于患者一侧，一手托起其背部，一手托其大腿，将其抱起，清醒者可让其双手抱着施救者颈部，如图4-37所示。

3. 背负法

施救者站在患者前面，面向同一方向，微屈膝弯背，将患者背起，如图4-38所示。该法禁用于胸部损伤患者。

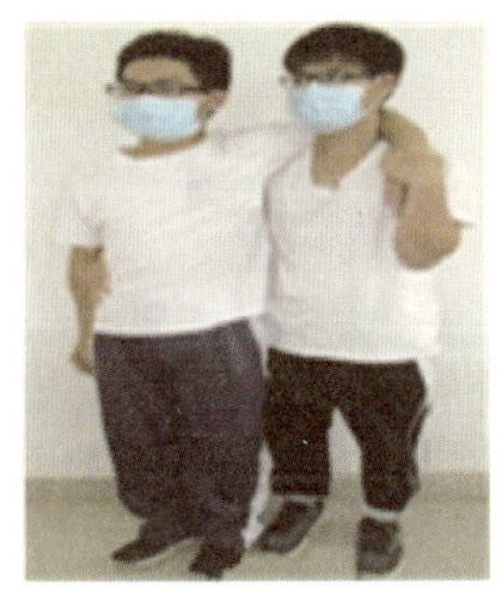

图4-36　扶持法

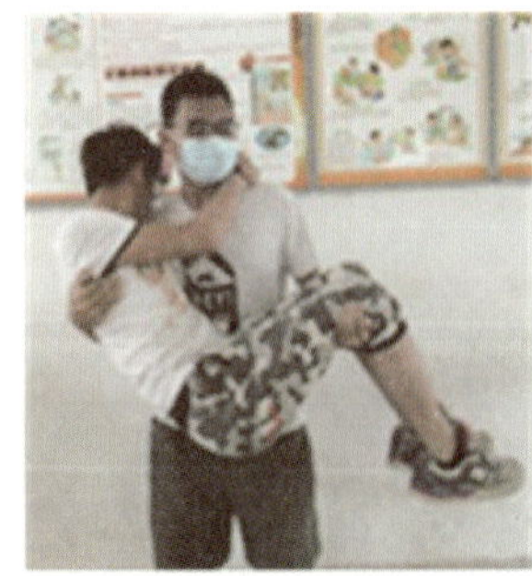

图4-37　抱持法

图4-38　背负法

4. 双人拉车式

一名施救者站于患者的头部，两手插到其腋下，将其抱入怀内，另一名施救者站在其脚部，蹲在患者的两腿中间，将患者抬起，如图4-39所示。

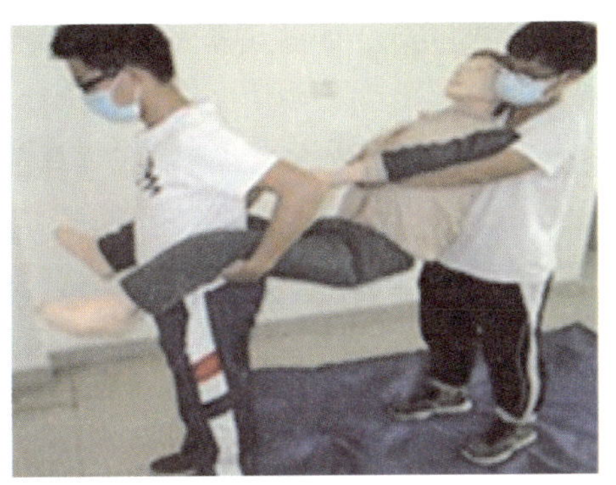

图4-39　双人拉车式

5. 三人搬运法

三人并排，单膝跪下，甲托住患者头颈肩、胸部，乙托住腰部、大腿，丙托住腘窝、踝部，三人合力把患者轻轻抬起(用于骨盆骨折者、体形重者)，如图4-40所示。

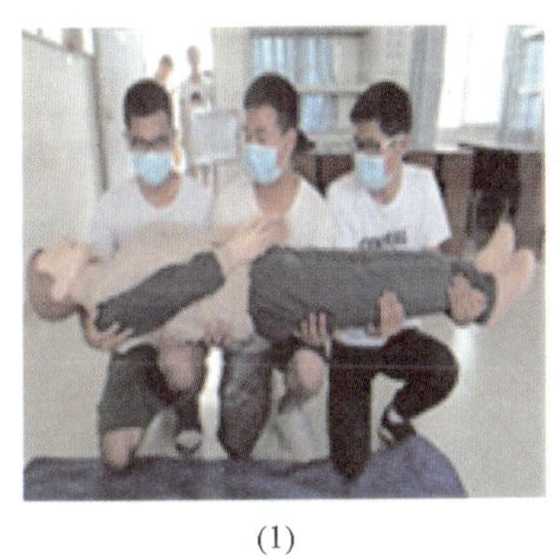

(1)

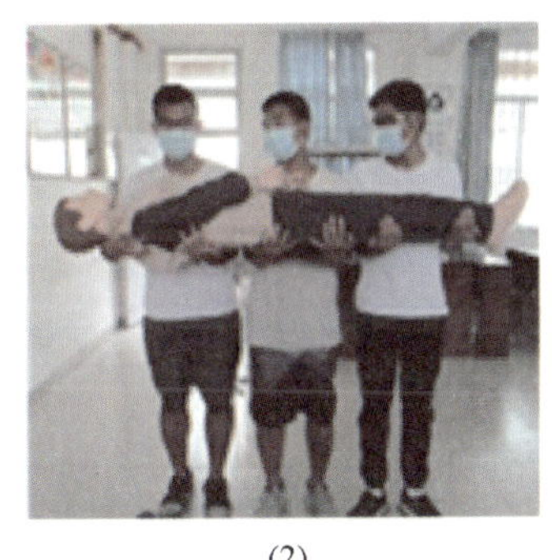

(2)

图4-40　三人搬运法

6. 四人搬运法

四人并排，单膝跪下，甲托住头部的牵引固定(使头部始终保持与躯干成直线，维持颈部不动)，乙托住肩胸、腰部，丙托住臀、大腿部，丙托住腘窝、踝部，四人合力把患者轻轻抬起(用于颈、腰椎骨折，即脊柱受伤者)，如图4-41所示。

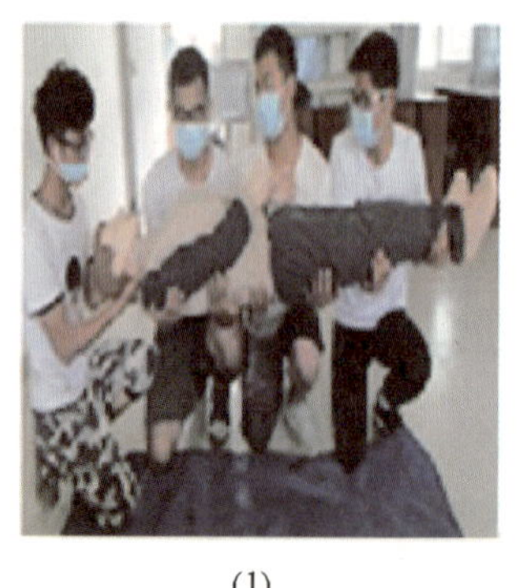

(1)

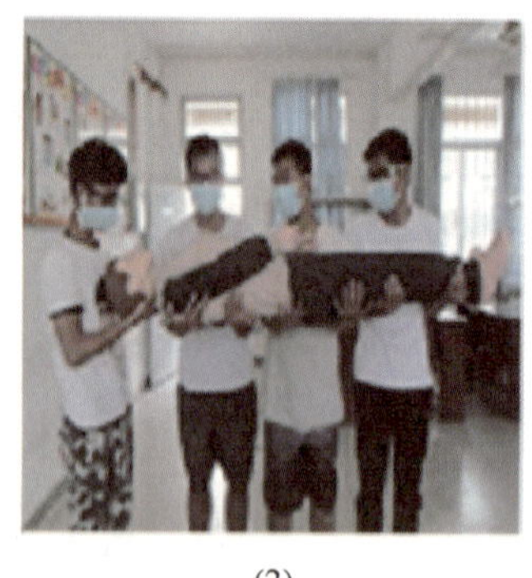

(2)

图4-41　四人搬运法

(二)担架搬运法

担架搬运法适用于躯干、下肢骨折者,对于危急重症患者和需要较远路程的转运的患者也必须用此方法,如图4-42、图4-43所示。

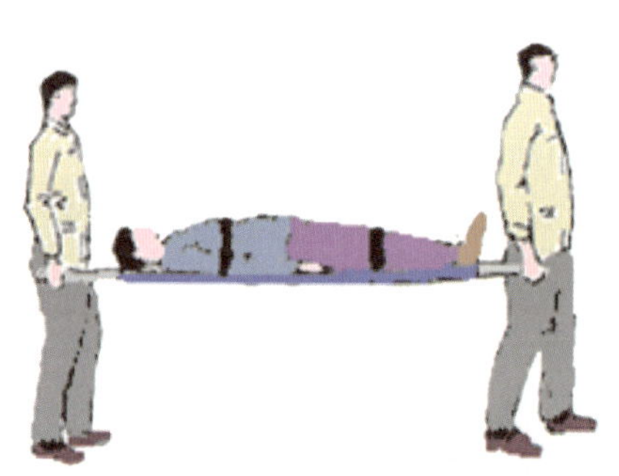

图4-42　担架搬运法

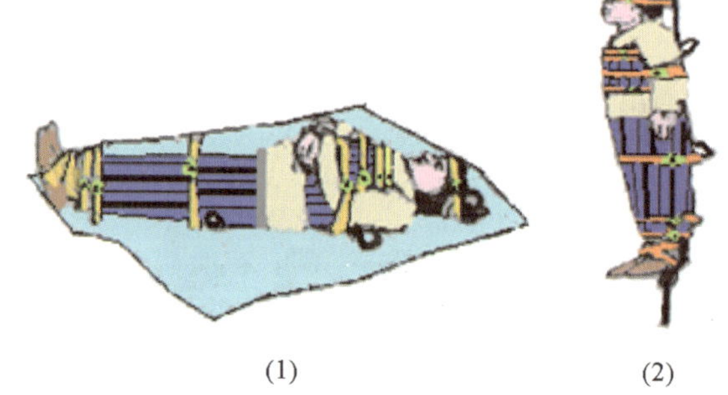

(1)　　(2)

图4-43　罗伯逊担架搬运法

六、肌内注射法

1. 原则

(1)严格遵守无菌操作原则。

(2)严格执行查对制度。

(3)选择合适的注射器和针头。

(4)选择合适的注射部位,避免在有疤痕、硬结、感染伤口等处进针。

(5)注射药物要现配现用。

(6)排空气。

(7)抽回血。

(8)运用无痛注射技术:分散患者注意力;取合适体位,使肌肉松弛。两快一慢:进针和拔针快,推药慢。

2. 药液抽吸(如图4-44所示)

(1)查对,药液有无变质、沉淀,安瓿有无裂痕,注射器是否在有效期内,包装有无破损。

(2)去铝盖、消毒或消毒并折断安瓿。

(3)抽吸药液。

(4)排空气,再次查对。

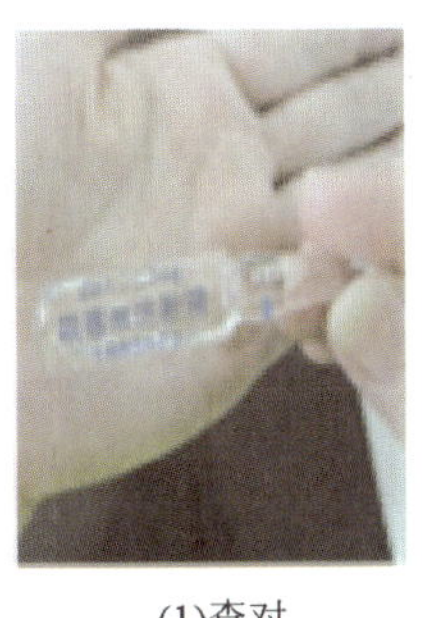

(1)查对

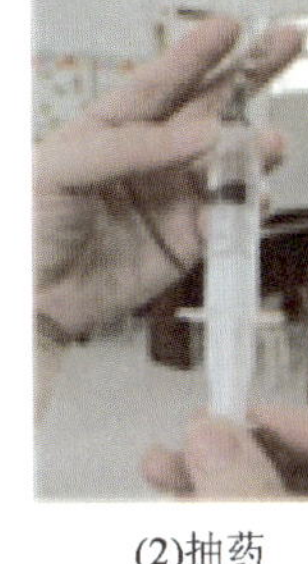

(2)抽药

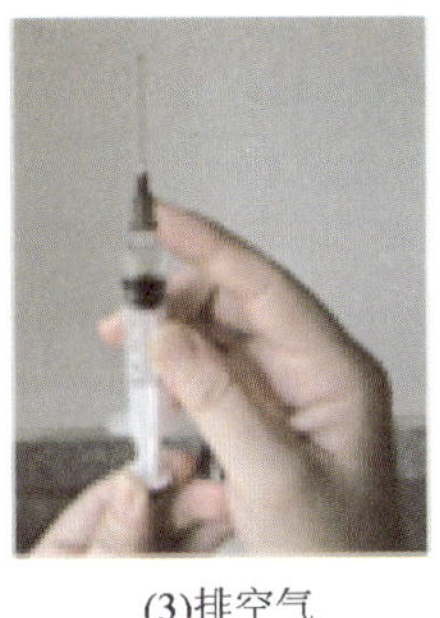

(3)排空气

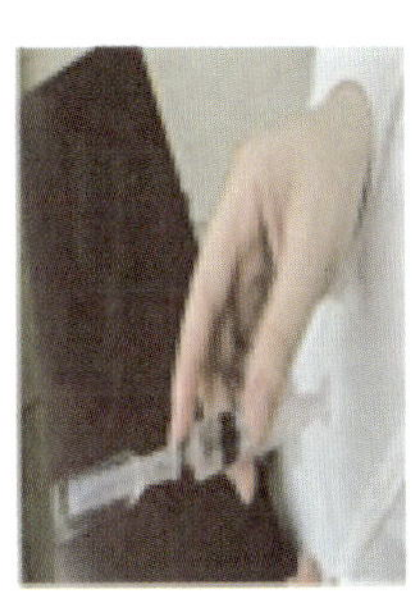

(4)再次查对

图4-44　药液抽吸

3. 肌内注射法操作(如图4-45所示)

(1)严格执行查对制度,防止发生差错。

(2)严格执行无菌操作,预防并发症。

(3)部位:臀大肌。连线法:取髂前上棘与尾骨连线的外上1/3处,如图4-46所示。

(4)体位:侧卧位或坐位,侧卧位,如患者置于左侧卧位,则左下肢弯曲,右下肢伸直。消毒:0.5%碘伏或75%酒精消毒注射部位,直径大于5 cm。

(5)左手食指与拇指绷紧皮肤,右手持注射器,拇指、食指固定针筒,中指固定针栓,与皮肤呈90°角,迅速进入针头的2/3,固定针栓。

(6)松开左手,抽无回血,推注药液。

(7)注射完毕,用棉签轻压针刺处,快速拔针。

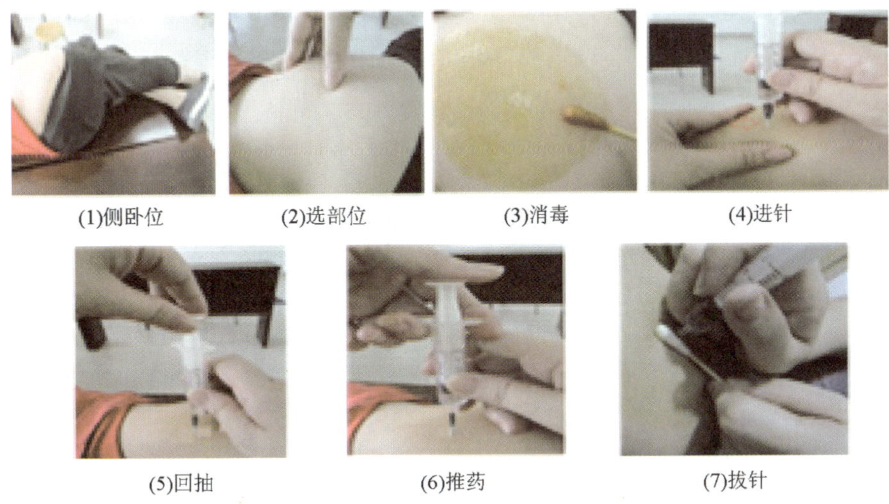

(1)侧卧位　(2)选部位　(3)消毒　(4)进针

(5)回抽　(6)推药　(7)拔针

图4-45　肌内注射法操作

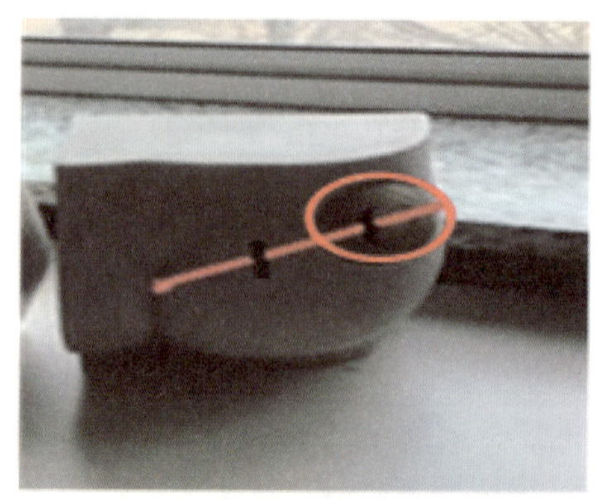

图4-46　连线法

第四节　常见意外伤害及急症

一、常见意外伤害处理

(一)闭合性软组织损伤:挫伤、扭伤、拉伤

1. 临床表现

闭合性软组织损伤的临床表现为疼痛、肿胀、皮下瘀血、功能障碍等。

2. 急救措施

(1)伤后24~48 h内,限制活动,损伤的部位冰敷15~20 min并抬高患肢,禁止按摩和热疗,如图4-47所示。

(2)伤后48 h,为了活血化瘀,可采取热敷、按摩、外用药物(活络油,红花油等)涂擦,可轻、慢活动关节。

(3)损伤局部的肿胀、压痛基本消失后,增强功能锻炼,恢复关节活动,防止粘连。

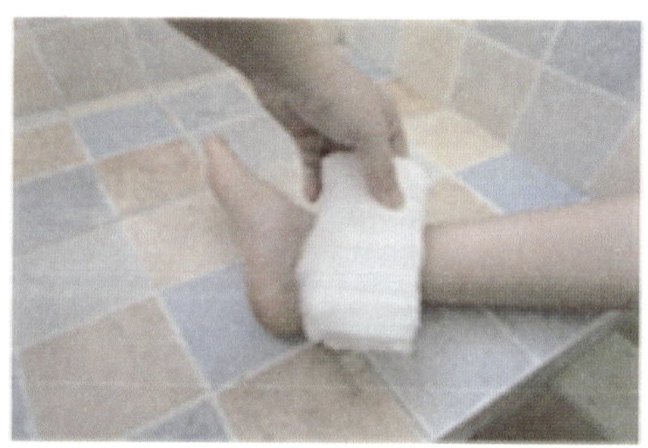

图4-47　冰敷法

（二）挤压伤

1. 临床表现

挤压伤的临床表现为局部肿胀、淤血、感觉麻木、存在运动障碍，重者可引起内脏出血，出现呕血、咯血，甚至休克等。

2. 急救措施

（1）迅速解除挤压，限制活动。

（2）四肢的挤伤，如果有肿胀、淤血，早期采取冷敷措施；如果有出血者，包扎止血。

（3）怀疑有内脏损伤的，密切观察是否休克，建立静脉通道，并拨打急救电话。

（4）预防挤压综合征，观察生命体征，预防酸中毒，及时送医院。

（5）在转运过程中，应尽量用夹板固定。

（三）开放性软组织损伤：擦伤、刀割伤、刺伤、撕裂伤

1. 临床表现

该类损伤的临床表现为疼痛、红肿、出血等。

2. 创面小的伤口处理

（1）清洁，用0.9%的生理盐水清洗。

（2）消毒，用0.5%的碘伏由内向外消毒伤口，如图4-48所示。

（3）包扎，用创可贴或无菌纱布包扎固定。

图4-48　擦伤消毒法

3. 创面深、大的伤口处理

（1）清洁：先用医用双氧水清洗伤口，后用0.9%的生理盐水冲洗，如患部有较多毛发，应剪剃后处理。

（2）消毒：用0.5%的碘伏由内向外消毒伤口。

（3）清创缝合：送医院争取在6 ~ 8 h内清创缝合。

(4)包扎:用无菌纱布或敷料包扎伤口。

(5)预防破伤风:肌内注射破伤风抗毒素,一般在伤后24 h内注射。

(四)内脏脱出

当腹部受到撞击、刺伤时,腹腔内的器官如结肠、小肠脱出体外,禁止将其纳回腹腔内,急救措施如图4-49所示。

(1)伤员取仰卧位或半卧位,下肢屈曲,避免咳嗽,禁饮、禁食。

(2)先用大块的敷料覆盖在脱出的内脏上,再将脱出的内脏放入大小合适的容器内,然后用三角巾包扎固定。

(3)迅速送医院。

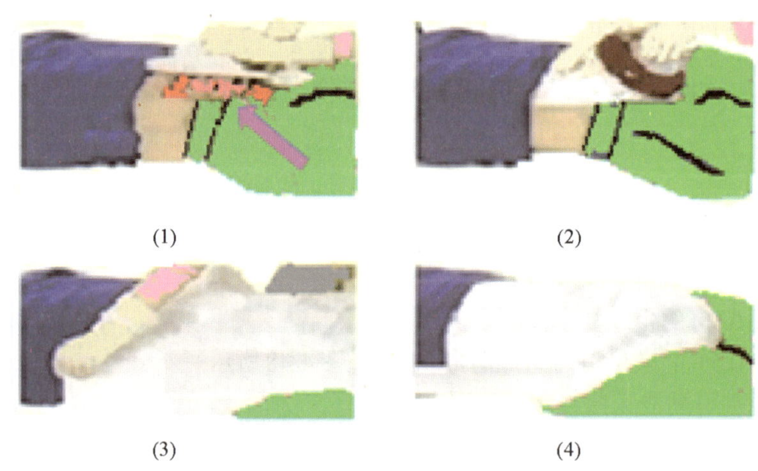

(1) (2) (3) (4)

图4-49 内脏脱出急救措施

(五)断肢

1. 急救措施

(1)注意观察伤员生命体征,如有异常,应迅速抢救。

(2)断肢残端出血者,首先止血、包扎,防止休克,然后尽快送医院。

(3)若肢体仍在机器中,应停止机器转动,拆开机器,取出断肢(禁止强行将肢体拉出或将机器倒转)。

(4)未完全离断的肢体,用夹板固定断肢。

(5)离体的断肢保存(如图4-50所示),将断肢用多层无菌干纱布包裹,放入无漏孔的塑料袋内,扎紧袋口,再将塑料袋放在装有冰水混合物的器皿内,保存温度为4 ℃。

(6)迅速将断肢和患者一起送至医院。

2. 注意事项

一般不需冲洗断肢,以防加重感染。

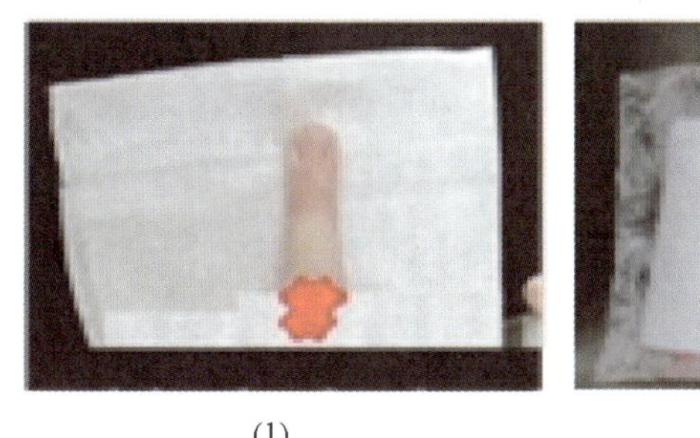
(1)

(2)

(3)

图4-50　断肢保存

(六)骨折

骨折是指骨的完整性遭到破坏或骨连续性发生中断。

1. 临床表现

骨折的临床表现为疼痛、肿胀、淤斑，功能障碍，畸形，反常活动，骨擦音，休克，发热等。

2. 急救措施

(1)迅速脱离危险现场。

(2)对于心跳呼吸停止的伤者，立即给予心肺复苏操作。

(3)控制出血，以防休克。

(4)开放性骨折，先止血，后包扎，再固定，禁止现场未做任何处理而进行复位。

(5)迅速转送骨科医院。

(七)溺水

溺水是指人淹没于水或其他液体介质中，由大量水替代空气灌入呼吸道和肺内，或反射性引起喉痉挛，从而引起缺氧窒息，最后造成呼吸停止和心脏停搏而死亡。

1. 临床表现

溺水者的临床表现为：轻者口渴，面、唇、四肢青紫，面部肿胀，结膜充血，口鼻充满泡沫；重者神志不清，上腹部膨胀，呼吸、心跳微弱或停止。

2. 现场抢救

(1)迅速将溺水者救出。

(2)保持呼吸道通畅，立即清除口鼻中的异物(泥沙、杂草、呕吐物等)。

(3)迅速倒水，方法如下：

①伏膝法。施救者蹲下，将溺水者俯卧，腹部置于施救者膝上，头低位臀高位，用手轻轻按压溺水者背部，如图4-51所示。

②肩顶法。抱住溺水者双腿，腹部在施救者的肩上快速移动，使口咽及呼吸道内的液体快速倒出，如图4-52所示。

③倒立法。倒立倒水，足朝天，头向地，身体垂直，如图4-53所示。

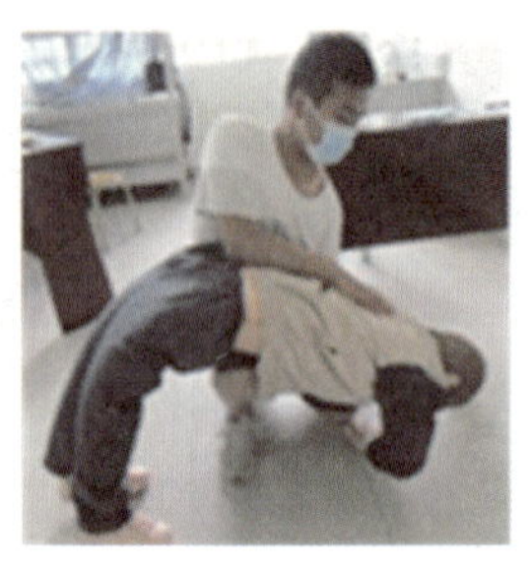

图4-51　伏膝法

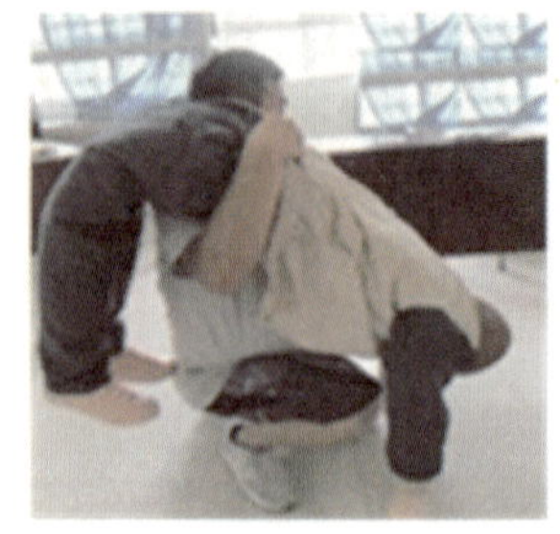
图4-52　肩顶法

图4-53　倒立法

(4)心跳、呼吸停止的伤者,立即实施心肺复苏术。

(5)处理各种合并伤。

(6)拨打急救电话,并送医院治疗。

3. 注意事项

倒水动作要求一定要快速,不能耽误了抢救的黄金时间。疑有脊髓损伤者,不能盲目倒水。

(八)中暑

中暑是指在高温环境下或受到烈日暴晒引起体温调节障碍、汗腺功能衰竭和水、电解质代谢紊乱所致的急性疾病。

1. 临床表现

中暑的临床表现为:轻者出现口渴、多汗、头晕、头痛、恶心、胸闷、面色潮红;重者烦躁不安、高热、痉挛、昏迷,甚至休克等。

2. 现场急救措施

(1)立即脱离高温环境,转移到阴凉、通风的环境处休息,并脱去多余或紧身的衣服,如图4-54所示。

(2)让患者处于平卧位,抬高下肢15 ~ 30 cm,手掐人中穴,人中穴位于人体鼻唇沟的中点,上嘴唇沟的上三分之一与下三分之二交界处,如图4-55所示。

图4-54　中暑急救

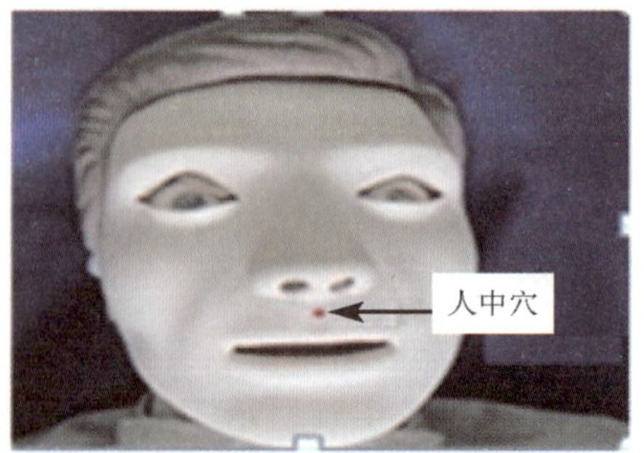

图4-55　人中穴

(3)患者意识清醒,给予口服淡盐水或含盐的清凉饮料,或服用人丹、藿香正气液等解暑药,外涂清凉油。

(4)降温

①在患者额头上放置湿的凉毛巾,或将冰袋置于大动脉处(腋下、颈侧、腹股沟),温水或酒精擦浴大动脉处。

②可口服对乙酰氨基酚或肌注复方氨基比林2 mL。

(九)烧、烫伤

烧、烫伤一般指热力,包括热液(沸水、热油、滚汤)、高温气体、蒸气、火焰、金属等因素引起人体局部或全身损伤。

1. 临床表现

烧、烫伤的临床表现为轻者皮肤组织红肿、疼痛、有渗出液、生成水泡;重者皮肤呈焦黄色、出现组织坏死现象等。

2. 急救措施

(1)迅速脱离现场,尽快脱去着火的衣服或沸液浸湿的衣服(禁粗暴、强力剥脱,以防造成脱皮),用水将火浇灭或者跳入水池或河沟内扑灭火焰,也可以就地翻滚等方法灭火。

(2)抢救生命是急救的首要任务。心跳、呼吸停止者,应立即就地实施心肺复苏术。

(3)保持呼吸道通畅,禁止奔跑呼叫,防止头面部和呼吸道的烧伤。

(4)冷疗。小面积或轻度烧伤的肢体用冷水冲洗或浸泡15 ~ 20 min,头面部等特殊部位可用冷水湿敷。

(5)药物应用。创面涂烫伤膏、芦荟膏等,避免涂抹有色药物(甲紫、红汞),防止掩盖伤口情况。

(6)保护创面和保暖。创面或小水泡可用创可贴或无菌纱布包扎;大水泡可在水泡最低处用无菌的注射器抽出液体,后消毒,再包扎;大面积烧伤者简单包扎。

(7)抗休克治疗。大面积烧伤的患者,因强烈的疼痛刺激及造成创面体液渗出,容易导致低血容量休克。烧伤后轻者可补充糖盐水,重者采取静脉输液。

(8)对症救治,如止血、骨折固定、止痛等。

(9)尽快送医院。

(十)触电

触电指一定量的电流通过人体而造成组织不同程度损伤或器官功能障碍,甚至发生死亡的现象。

触电现场急救:

(1)立即切断电源。拔除电源插座或关电源总开关。

(2)挑开带电电线。用绝缘物体如干燥的木棍、竹竿等挑开电线或用绝缘体斩断电源(木柄斧头、锄头),如图4-56所示。

(3)迅速拉开触电者。戴橡皮手套、穿胶底鞋,脚垫木板迅速将触电者拉开。

(4)心脏和呼吸停止者,应立即现场实施心肺复苏术。心肺复苏术是抢救电击伤者的最主要措施,同时手掐人中、涌泉穴(如图4-57所示)。

(5)创面处理。

(6)尽快送医院进一步治疗。

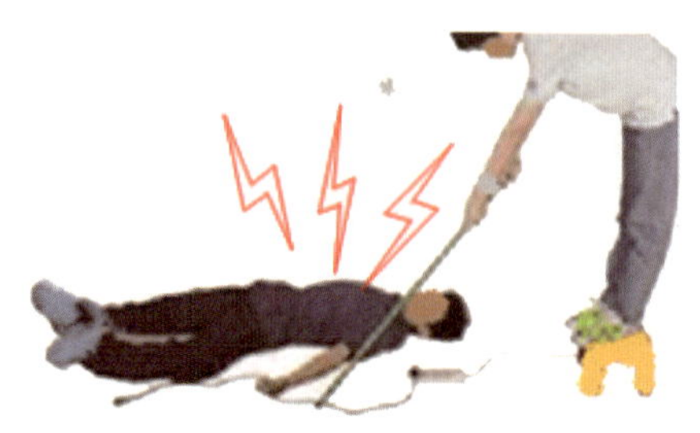

图4-56　挑开电线

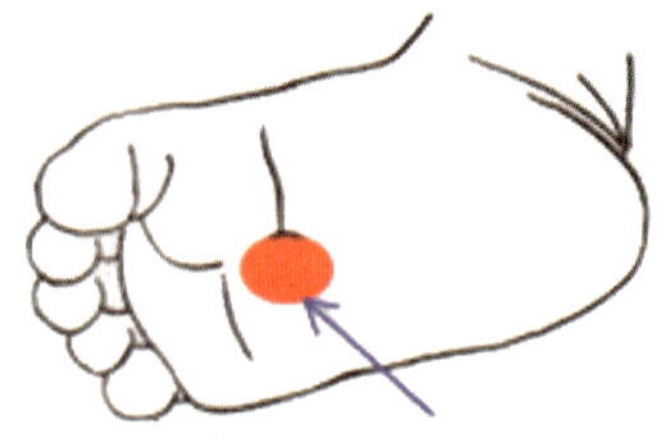

图4-57　涌泉穴

(十一)气体中毒

造成气体中毒的常见气体:一氧化碳、硫化氢、二氧化碳、沼气等。

1. 临床表现

气体中毒的临床表现为头晕、头痛、恶心、呕吐、四肢乏力、嗜睡、昏迷,甚至中毒死亡。

2. 现场急救方法

(1)迅速将患者移到空气新鲜的场所。

(2)吸氧,平卧,头偏一侧,保持呼吸道通畅。

(3)有心跳、呼吸停止的患者,立即实施心肺复苏术。

(4)防止脑水肿,预防并发症。

(5)迅速送医院进一步治疗。

(十二)急性食物中毒

1. 临床表现

急性食物中毒的临床表现为腹痛、恶心呕吐、腹泻、发热、休克等。

2. 急救措施

(1)立即停止食用可疑食品。

(2)催吐和导泻。饮水300 ~ 500 mL后用压舌板轻压病人舌前2/3处,反复催吐,口服复方聚乙二醇电解质散剂溶液1000 ~ 2000 mL导泻。

(3)误食了防腐剂或变质饮料,可服用鲜牛奶或鸡蛋清。出现抽搐、痉挛时,用毛巾塞入患者口中,防止咬伤舌头。

(4)保留食物样本或呕吐物与患者一起送医院救治。

二、常见急症的处理

(一)急性肠胃炎

急性肠胃炎即胃肠黏膜的急性炎症。

1. 临床表现

急性肠胃炎的临床表现主要为恶心、呕吐、腹痛、腹泻、发热等。

2. 处理措施

(1)卧床休息,停止一切对胃有刺激的饮食和药物。
(2)酌情短期禁食,然后给予易消化的、清淡的、少渣的流质饮食。
(3)补充丢失的水分,鼓励饮水,以糖盐水为主。
(4)止痛。应用阿托品、654-2等解痉挛药物。
(5)对于伴有腹泻、发烧者可适当给予止泻及抗生素。
(6)呕吐、腹泻严重而且明显脱水者,应及时送医院静脉输液治疗。

(二)急性阑尾炎

急性阑尾炎即阑尾的急性化脓性感染,是急腹症中最常见之一(约占1/4),是腹部外科常见病。

1. 临床表现

急性阑尾炎的临床表现为转移性右下腹痛,麦氏点(右髂前上棘与脐连线的中、外1/3交界处)(如图4-58所示),压痛和反跳痛、肌紧张、恶心、呕吐、发热等。

2. 急救措施

(1)卧床休息,禁饮、禁食,采取静脉输液治疗。
(2)抗生素的应用,头孢霉素类与甲硝唑联用。
(3)禁止使用强镇痛剂。
(4)腹痛加剧,体温持续上升,送医院进行手术治疗。

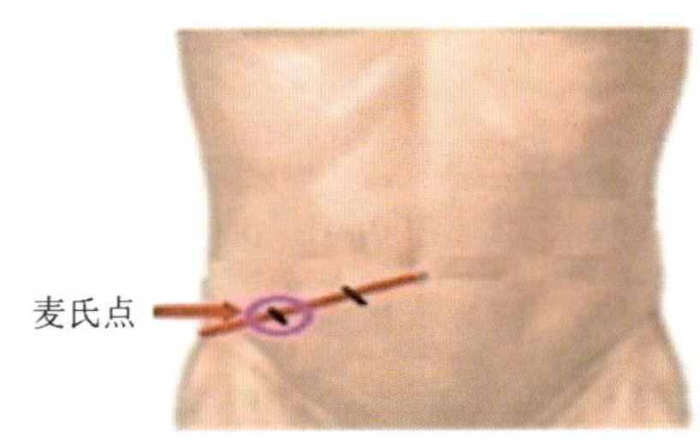

图4-58　麦氏点

(三)高热

高热指人体在致热源的作用下或各种原因引起体温调节中枢障碍时,体温超出正常范围(正常成人腋下温度为36~37 ℃)。

1. 临床表现

高热的临床表现为口渴,皮肤干热,眼结膜充血潮红,呼吸、心跳加快加强,胃肠蠕动下降,粪干尿少等。

2. 处理措施

(1)一般处理

①高热患者应当卧床休息,监测体温。

②进食易消化的食物,适当补充维生素B和维生素C,应注意保暖。

③补充水分,进行皮肤、口腔护理,保持皮肤清洁干燥,口唇干裂可涂唇膏。

(2)病因治疗

针对病因的治疗是关键的治疗。

①细菌感染引起的高热用足量的抗菌素(头孢菌素类)。

②病毒感染,用抗病毒药(抗病毒口服液、板蓝根冲剂、病毒唑等)。

(3)物理降温

可用冷敷法、冰袋法、擦浴法等对高热病人进行物理降温。

①冰敷或冷敷:部位为枕下、颈部、腋窝、腹肌沟等大动脉处,时间不大于20 min,每3~5 min更换一次,足底可放热水袋。

②温水擦浴:部位为由上至下,一般32~34 ℃,在大动脉部位可停留片刻,时间不大于20 min,每3~5 min更换一次,擦完后应更换衣裤。

③酒精擦浴,部位为颈部、腋窝、腹股沟等(大动脉)处,浓度为30%~50%,时间不大于20 min,每3~5 min更换一次。

注意:体温不可降太低,一般控制在37~38 ℃为宜。半小时后复测体温。胸前区、腹部、耳后、阴囊处禁止擦浴。

(4)药物降温

①可适当服用阿司匹林、对乙酰氨基酚。体温过高(超过40 ℃)时患者明显不适、惊厥或意识障碍者可肌注复方氨基比林2 mL或柴胡注射液2 mL,为防止出汗过多而虚脱,注意补充水分。

②对高热引起头痛、烦躁不安,可适当使用肌注苯巴比妥或非那根镇静剂。

③高热引起脑水肿可用2%的甘露醇200 mL加地米5~10 mg快速静脉滴注。

(四)心肌梗死(塞)

心肌梗死(塞)是指冠状动脉急性、持续性闭塞,血流中断,使部分心肌因严重缺血所引起的局部坏死。

1. 临床表现

心肌梗死(塞)的临床表现为突然发作剧烈而持久的胸骨后或心前区压榨性疼痛,放射到左背、肩、臂等(如图4-59所示)。

2. 急救处理

(1)立即绝对卧床休息,不要随便搬动,吸氧。

(2)舌下含服硝酸甘油或速效救心丸,拨打急救电话。

(3)镇静止痛,哌替啶50 ~ 100 mg肌注或吗啡5 ~ 10 mg皮下注射(呼吸抑制者禁用)。

(4)抗凝治疗,嚼服阿司匹林150 ~ 300 mg,既往有出血史者慎用。

(5)心跳、呼吸骤停者,先心前区拳击[握拳的尺侧(小指侧)距患者心前区(胸骨中下1/3处)20 ~ 30 cm高处迅速捶1 ~ 2次],再进行心肺复苏术,如图4-60所示。

(6)送医院救治。

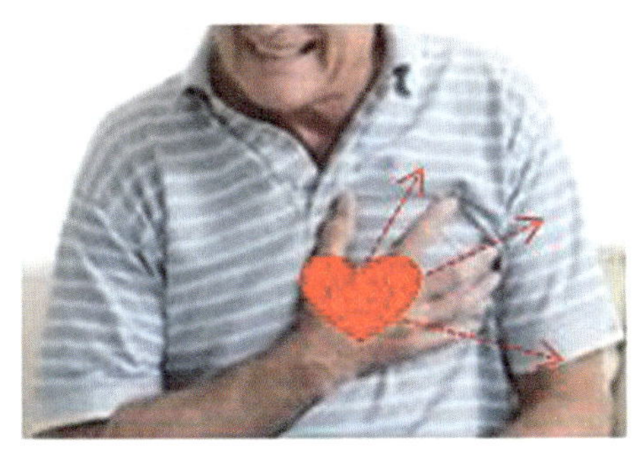

图4-59　疼痛

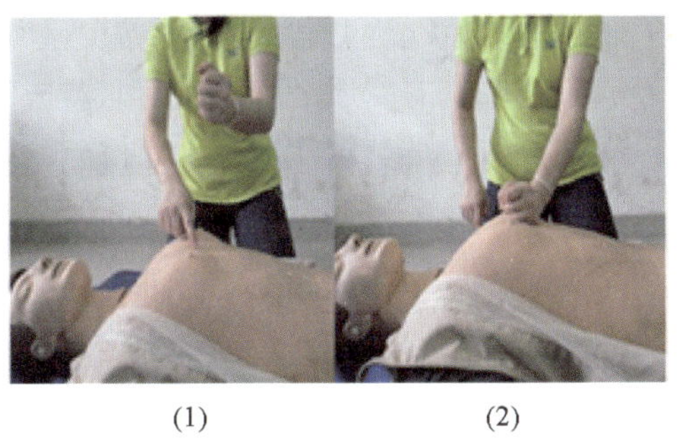

(1)　　(2)

图4-60　心前区拳击

(五)高血压急症

高血压急症是指短时间(数小时或数天)内血压剧升,收缩压大于200 mmHg和(或)舒张压大于130 mmHg,伴有重要器官如心脏、脑、肾、眼底、大动脉的严重功能障碍或不可逆的损害。

正常血压标准:收缩压为90 ~ 140 mmHg,舒张压为60 ~ 90 mmHg。

1. 临床表现

高血压急症的临床表现为:突然出现剧烈头痛、烦躁不安,恶心、呕吐、鼻出血、眼结膜发红、视力模糊,血压急剧升高,收缩压可高达200 mmHg以上和(或)舒张压高达130 mmHg以上。

2. 急救措施

(1)卧床休息,抬高头部30 cm。

(2)保持呼吸道通畅,头偏一侧,防止呕吐物阻塞呼吸道引起窒息。

(3)应用降压及控制降压药。首选硝普钠静滴,开始剂量10 ~ 25 μg/min,之后根据血压情况逐渐增加,也可舌下含服硝苯地平10 ~ 20 mg或卡托普利12.5 ~ 25 mg,控制血压48 h内不低于160/100 mmHg,静滴20%甘露醇250 mL或肌注速尿20 mg。

(4)对症处理,呕吐者肌注胃复安10 mg,烦躁者肌注安定10 mg。

(5)送往医院进一步治疗。

第五节 急救箱使用及常用药品

一、急救箱、药物使用原则

1. 急救箱使用原则

(1)专人保管，固定位置。

(2)物品名称书写清楚，排列整齐，取用方便。

(3)放在通风干燥的地方，避免高温，远离水、火。

(4)用前检查，有变质、发霉、过期的器械应禁止使用，器械使用前应消毒、灭菌。

(5)建立药品账卡，定期检查，及时补充。

2. 药品使用原则

药品使用前尽量诊断明确，使用时详读药品说明书，了解所用药品的适应症、规格、剂量、使用方法、不良反应、注意事项及禁忌症等。特殊药品或作用性强的药品需经无线电医嘱咨询指导。出现严重不良反应者应立即停药，如皮疹、黄疸、哮喘等。

二、船上常用药品及物品

常用内用药，如表4-3所示；常用外用药，如表4-4所示。

表4-3 常用内用药

药名	剂量	用法	适应症	不良反应及注意事项（详见说明书）
硝酸甘油片	0.25 ~ 0.5 mg	舌下含服	冠心病、心绞痛	头痛、心动过速、面部潮红等
速效救心丸	10 ~ 15粒	舌下含服		头痛、眩晕等
心痛定	5 ~ 10 mg	口服/舌下含服	降血压	面色潮红、心悸等
盐酸肾上腺素注射液	0.5 ~ 1 mg	皮下/肌内注射	心跳骤停、抗休克	心悸、血压升高等
可拉明注射液	0.25 ~ 0.5 g	皮下/肌内注射	急慢呼吸衰竭	面部潮红、烦躁等
地高辛片	0.125 ~ 0.25 mg	口服	急慢性心功能不全	心律失常、恶心、呕吐等
平痛新片	20 ~ 60 mg	口服	镇痛	口干、头痛等
吗啡注射液	5 ~ 10 mg	皮下注射		成瘾、嗜睡、眩晕等
安定注射液	5 ~ 10 mg	肌内注射	镇静、抗癫痫及抗惊厥	嗜睡、疲乏、依赖等

（续表）

药名	剂量	用法	适应症	不良反应及注意事项（详见说明书）
阿托品注射液	0.5 mg	肌内注射	解痉	口干、面红、视物模糊等
山莨菪碱片	5 ~ 10 mg	口服		口干、面红等
速尿注射液	20 mg	肌内注射	利尿	水和电解质紊乱等
甘露醇注射液	250 mL	静脉注射	降低颅内压、利尿	水和电解质紊乱等
氨茶碱片	0.1 ~ 0.2 g	口服	平喘	恶心、胃部不适、呕吐等
舒喘宁喷雾	0.1 ~ 0.2 mg	气雾吸入		恶心、头晕、心悸等
布洛芬片	100 mg	口服	抗炎镇痛	胃痛、恶心等
阿司匹林片	0.3 ~ 0.6 g	口服	解热、镇痛	恶心、上腹部不适或疼痛等
复方氨基比林注射液	2 mL	肌内注射		偶见皮疹或剥脱性皮等
开瑞坦片	10 mg	口服	抗过敏	口干、头痛、嗜睡等
吗丁林片	10 mg	口服	胃胀气、消化不良	头晕、头痛、嗜睡等
奥美拉唑	20 mg	口服/静滴	抗酸	恶心、胀气、腹泻等
安络血片	2.5 ~ 5 mg	口服	止血	
阿奇霉素片	0.5 g	口服（空腹）	抗菌	恶心、腹痛、腹泻等
氟哌酸胶囊	0.5 g	口服（空腹）	抗菌（肠道感染）	恶心、食欲减退
抗病毒口服液	10 mL	口服	抗病毒	
和爽溶液	1000 ~ 2000 mL	口服	导泻	可导致脱水等
思密达	3 g	口服	止泻	可导致便秘等
藿香正气液	10 ml	口服	防暑	

表4-4　常用外用药

药名	规格	数量	使用范围
0.9%生理盐水	250 mL	1瓶	创面清洗
3%双氧水	100 mL	1瓶	创面清洗、消毒
0.5%碘伏	100 mL	1瓶	皮肤、黏膜、创面消毒
75%酒精	100 mL	1瓶	皮肤、器械、物体表面消毒
云南白药		1瓶	止血、抑菌、化瘀
清凉油		1瓶	解暑、晕船、外感风寒

三、常用器械与耗材(如表4-5所示)

表4-5　常用器械与耗材

物品名称	规 格	数 量	使用范围
体温计	单支装	2支	测量体温
血压计		1台	测量血压
听诊器		1个	听心率
手电筒		1个	用于照明
医用剪刀	圆头	1把	用于剪断绷带、剪开衣物
开口器		1把	打开口腔
口对口呼吸罩	单阀门式	1个	用于心肺复苏时口对口呼吸
氧气袋		1个	装氧气
氧气管		2条	供氧用
担架		1个	搬运
骨折固定夹板	大号	2套	骨折固定
卡扣式止血带	中号	2条	用于肢体出血时结扎止血
医用三角巾	90 cm×90 cm×130 cm	2条	用于包扎或骨折固定
弹性网套	中号	2个	用于各部位外伤时包扎
弹性绷带	7.5 cm×450 cm	1卷	用于包扎伤口或固定骨折夹板
弹性绷带	10 cm×500 cm	1卷	用于包扎伤口或固定骨折夹板
医用手套	大号	2双	避免直接接触人体伤口,防止交叉感染
一次性注射器	2、5、20 mL	各5支	药物注射
一次性输液管		2条	用于静脉输液
无菌棉签	10 cm×50枝	2小袋	用于清洁、沾消毒液
无菌敷料贴	5.5 cm×8 cm	5片	具有清除伤口渗出液、促进伤口愈合的作用
无菌纱布	7 cm×6 cm×5块	1小包	用于伤口隔离及止血包扎
创可贴	70 cm×18 mm×5片	1包	用于小创面或伤口包扎
一次性速冷冰袋	160 g	2袋	用于物理退热、血肿、冷敷理疗
医用胶布	1 cm×10 m	1卷	用于敷料、绷带固定
医用砂轮片	25 mm	1个	切割玻璃瓶
安全别针	3.5 cm	3个	用于固定三角巾、衣物
救生哨子		1个	需要救援时鸣哨

第六节　渔船船员心理健康

随着社会发展和人类对自身认识的深化，人们对健康概念的认识不断丰富和完善。现代社会中，健康不仅指生理上的健康，还要有良好的心理、社会适应能力等。身心健康才能够全面发展，而船员心理健康课程能帮助船员了解、认识、调适、充实自己，为船员提供必需的心理援助，使船员更好地适应其工作环境和社会发展的需要。

心理健康与疾病有着密切的关系，也是一种社会现象，心理健康水平的提高和疾病的发生、发展及转归也必然会受到客观因素与主观因素的影响。消极心理能产生许多疾病，积极的心理状态是保持和增进健康的必要条件。医学临床实践和科学研究证明，消极情绪如焦虑、悲伤、抑郁、愤怒、恐惧、心理紧张等和对周围环境和事物的态度观念改变，可以使人体各系统机能失调，可导致失眠、心动过速、血压升高、食欲减退，甚至导致情感性疾病、心身疾病的发生，严重者还可能造成各种精神性疾病。

在社会各领域中，每个人的思想观念、行为方式或多或少都会受其周围环境的影响，受其所在的生活圈子、社会文化、生活习俗的影响。随着各种环境条件的改变，难免会在自我意识、人际交往、生活等方面产生各种各样的心理困惑。鉴于船员职业的特殊性，在海上时间比较漫长，而且工作枯燥、艰苦；周围的自然环境变化多端，危机四伏；船员的角色单一、孤独。久而久之，船员的心理和生理压力会不断增加，如得不到适当的发泄，随着时间的推移，会使其性格、行为等有所改变。

海员常见的心理问题主要有环境适应、人际关系、自我意识等三方面的问题。

1. 环境适应问题

对自然环境的适应及角色转变的适应。

(1)由于常年生活在海上，海员的活动范围有限，作息时间不规律、生活节律失衡。还常常受到来自大自然和社会各种复杂因素的影响。

(2)航行中船舶主机、发电机等所产生的噪声昼夜不停，这些噪声和振动长时间会引起其听力下降和精神疲劳。

(3)船体的振动和摇晃使海员经常处于颠簸和振荡之中，轻者出现前庭-植物性神经综合征，重者则出现复视、意识模糊等病状。

(4)空气污染、酷热、光照不足等都会加重海员心理负担，使工作效率下降，引起视力疲劳、精神倦怠及其他不良反应。淡水、新鲜蔬菜缺乏，睡眠不足等生活条件不佳也会影响海员的情绪和健康。

(5)常期远离家乡，对亲人和社会信息形成的封闭，加上时差对身体生物钟的影响和单调重复的工作，导致船员对工作岗位和生活厌倦，常会出现孤独、疲劳、紧张、焦虑、烦恼等不良心理，甚至出现腹泻、头痛等身体症状。

2. 人际关系问题

海上工作者流动性较大，交往对象变化频繁且接触人员数量有限，特别是来自不同地区，存在着语言障碍、文化差异和生活方式不同等问题，就会出现缺少沟通、缺少朋友交往等现象。表现为孤独、偏执、敌对、猜疑等。固定工作地点、社交场所和个人区域，工作中的上下级关系等也会形成一定的压力。

3. 自我意识问题

个人认为职务不能及时获得提升；工作标准高、压力大、负担重，付出得不到相应的回报；对上级管理方法、作风不满，认为规章制度不够合理，人与企业所强调的价值追求相距甚远，造成对理想、前途遥遥无期等。表现为急躁、自卑、自傲、恐惧等情绪。

引起心理的障碍会对工作带来很大的影响，轻者不仅会造成情绪低落、消沉沮丧，对工作失去兴趣，产生疲劳感，还会出现消极怠工；重者会出现嗜睡、失眠、记忆力下降、精神恍惚、食欲减退，甚至有自杀意向，长期处于这种状态，不仅会诱发出各种慢性疾病，而且影响身心健康。

【心理调适】方法ABC

播下一种心态，收获一种思想；播下一种思想，收获一种行为；播下一种行为，收获一种习惯；播下一种习惯，收获一种性格；播下一种性格，收获一种命运。心态改变，命运就能随之改变。

A. 适应船上工作环境。(1)了解职业。对海上的优势和风险有充分的认识，学会感受大自然。(2)改变行为。着重强调个体心理状态须尽快地去适应社会环境的改变，将个体和不断变动着的船上环境调整为一个协调统一的整体，当无力改变环境时，只有学会适应环境，将压力作为学习和自我成长的动力，提高职业素养。(3)学会放松。放松可以有效地抑制紧张、焦虑和恐惧等情绪。当感到压力大时，去做一些能使自己愉快的事，如运动、读书、看电视、看电影、听听喜欢的歌曲等娱乐方式；当内心郁闷时，看看大海、天空，找同事发发牢骚、诉诉苦、聊聊天，将心理的烦恼发泄出来。

B. 建立良好的人际关系。(1)有效的沟通。了解个人的生活习惯、性格、背景，避免讲一些触及人心的话题。(2)换位思考。站在对方的立场去说话、做事。(3)主动交往。平时主动、热情、微笑着跟同事打招呼、聊天，同事之间相处应真心实意，实事求是做事。(4)主动关心帮助别人。患难识知己，逆境见真情。当同事遇到困难、陷入困境时，伸出援助之手，帮助他，安慰他。(5)学会倾听。雄辩是银，倾听是金。(6)适当"让利"。放眼将来，不要过于计较自己的利益。(7)乐于取长补短。有机会多向其他同事请教、学习。

C. 改变认知。调节自我心态，人错误的或不合理的认知可能会导致不良行为或症状的出现，通过理性分析和逻辑思辨的途径，改变思想观念，可以帮助我们解决情绪和行为上的问题。当用一些不合理的、不合逻辑的思维去行动时，就会逃避现实，缺乏忍耐，或苛求十全十美，自怨自艾，当陷入这种非理性的认知取向而不能自拔时，就有可能产生许多情绪、心理困扰和适应不良，因此，换一种思路就是在待人处事过程中从多个角度想问题，全面正确认识自己和他人，正确看待事物，从而使自己保持一种积极健康的心态，增强自信心和提高耐挫能力，逐步迈向成功。

"生活就像一面镜子，你笑它也笑，你哭它也哭。"生活中的每一天都有不愉快的事情发生，如果不能很好地解决这些"不愉快"，则可能会影响自己的心理健康。因此，要学会用诉、动、哭、喊等方式来缓解压力，调适心理状态，提高心理健康水平。

心理健康和身体健康一样，需要早预防、早发现、早治疗。良好的心理状态是一个人成功的关键因素。学会积极调整自己的心态，才能更好地把握自己的命运。当自己内心受到煎熬和难受时，请走进心理咨询室，主动咨询或治疗。

健康的心理让你胸襟更开阔，心灵更宁静。健康的心理让你生活更自信、生命更绚丽、人生更辉煌！

本章思考题

1. 如何采取及时有效的急救措施?
2. 如何给心跳、呼吸停止的患者进行心肺复苏？应注意哪些事项?
3. 事故现场如何给患者有效止血？止血时应注意哪些事项?
4. 如何保存断离肢体?
5. 如何抢救溺水者?
6. 简述心肌梗死的临床表现及急救措施。
7. 简述高血压急症的临床表现及急救措施。
8. 使用药物时出现哪些情况需立即停药?
9. 当出现心理障碍时，你如何进行调适?

第五章　海上防污要求

第一节　海上污染控制要求

20世纪60年代前，人们坚信海洋能净化人为的任何污染，但1967年超级油船“托利·坎荣”(Torrey Canyon)的触礁油污事故，触动了国际航运界，IMO制定了MARPOL 73公约(未生效)，1978又制定了MARPOL 78议定书。1978年3月，超级油船“阿莫柯·卡迪兹”(Amoco Cadiz)的触礁，导致法国海域和海岸的严重污染，使得国际社会清醒地认识到船舶污染对海洋环境损害的严重后果，促成了MARPOL 73/78公约的迅速生效。该公约由公约正文、议定书、六个附则及其修正案组成，这六个附则是：

附则Ⅰ：《防止油污染规则》，于1983年10月2日生效；

附则Ⅱ：《控制散装有毒液体物质污染规则》，于1987年4月6日生效；

附则Ⅲ：《防止海运包装有害物质污染规则》，于1992年7月1日生效；

附则Ⅳ：《防止船舶生活污水污染规则》，于2003年9月27日生效；

附则Ⅴ：《防止船舶垃圾污染规则》，于1988年12月31日生效；

附则Ⅵ：《防止船舶造成大气污染规则》，1997年9月26日制定，于2005年5月19日生效。其中适用于远洋渔船的主要有附则Ⅰ、附则Ⅳ、附则Ⅴ的部分内容。

一、渔船固体垃圾排放要求

渔船固体垃圾多种多样，根据种类的不同，其处理方法和排放要求也各有不同。主要依据是附则Ⅴ《防止船舶垃圾污染规则》，除另有明文规定外，本附则的规定适用于一切船舶。

1. 定义

垃圾系指产生于渔船正常营运期间并需要连续或定期处理的各种食品废弃物、生活废弃物、操作废弃物、所有的塑料、货物残留物、焚烧炉灰、食用油、渔具和动物尸体，但本公约其他附则中所界定的或列出的物质除外。垃圾不包括因航行过程中的捕鱼活动和为把包括贝类在内的鱼产品安置在水产品养殖设施内，以及把捕获的包括贝类在内的鱼产品从此类设施转到岸上加工的运输过程中产生的鲜鱼及其各部分。

动物尸体：系指任何作为货物被渔船载运并在航行中死亡或被实施安乐死的动物尸体。

货物残留物：系指本公约其他附则未规定的、货物装卸后在甲板上或舱内留下的任何货物残余,包括装卸过量或溢出物,不管其是在潮湿还是干燥的状态下,或是夹杂在洗涤水中,但不包括清洗后甲板上残留的货物粉尘或渔船外表面的灰尘。

食用油:系指任何用于或准备用于食物烹制或烹调的可食用油品或动物油脂,但不包括使用这些油进行烹制的食物本身。

生活废弃物:系指其他附则未规定的、在船上起居处所产生的所有类型的废弃物。生活废弃物不包括灰水。

在航:系指渔船正在海上进行一段或多段航行,包括偏离最短的直线航程,这种偏航将尽实际可能出于航行目的,以使排放尽量合理有效地扩散至大片海域。

渔具:系指任何以捕捉、控制以便随后捕捉或收获海洋或淡水生物为目的而布设于水面、水中或海底的实物设备或其任何部分或部件组合。

固定或浮动平台:系指在海上从事海底矿物的勘探、开采或相关近海加工的固定或浮动的结构。

食品废弃物:系指船上产生的任何变质或未变质的食料,包括水果、蔬菜、奶制品、家禽、肉类产品和食物残渣。

焚烧炉灰:系指用于垃圾焚烧的船用焚烧炉所产生的灰和渣。

最近陆地:系指距该领土按国际法划定的其领海的基线。

操作废弃物:系指其他附则未规定的、渔船正常保养或操作期间在船上收集的或是用以储存和装卸货物的所有固体废弃物(包括泥浆)。操作废弃物也包括货舱洗舱水和外部清洗水中所含的清洗剂和添加剂。考虑到本组织制定的导则,操作废弃物不包括灰水、舱底水或渔船操作所必需的其他类似排放物。

塑料:系指以一个或多个高分子聚合物为基本成分的固体材质,这种材质通过聚合物制造成型或加热和(或)加压制作成成品。塑料的材质特性从脆硬易碎到柔软有弹性。就本附则而言,"所有塑料"系指所有含有或包括任何形式塑料的垃圾,其中包括合成缆绳、合成纤维渔网、塑料垃圾袋和塑料制品的焚烧炉灰。

特殊区域:系指某一海域,在该海域中,由于其海洋地理和生态条件以及其运输的特殊性等公认的技术原因,需要采取特殊的强制办法以防止垃圾污染海洋。就本附则而言,特殊区域指地中海区域、波罗的海区域、黑海区域、红海区域、海湾区域、北海区域、南极区域和大加勒比海区域。

2. 排放要求

禁止排放垃圾入海的一般规定:

(1)除本附则另有规定外,禁止排放任何垃圾入海。

(2)除本附则"例外"条款另有规定外,禁止排放任何塑料制品入海(包括但不限于合成绳、合成纤维渔网、塑料垃圾袋和塑料制品的焚烧炉灰);禁止排放食用油入海。

在特殊区域外排放垃圾:

(1)仅当渔船处于在航状态且尽可能远离最近陆地时,方允许在特殊区域之外向海洋排放以下垃圾,但无论如何须:

①在距最近陆地不少于 3 n mile 处排放业经粉碎机或研磨机处理后的食品废弃物,这种经粉碎或研磨后的食品废弃物须能通过筛眼不大于25 mm的粗筛。

②未经上述第①项处理过的食品废弃物,在距最近陆地不少于 12 n mile 处排放。

③对于以常用卸载方法回收的货物残留物,在距最近陆地不少于 12 n mile 处排放。这些货物残留物不得含有任何被列为有害海洋环境的物质。

④对于动物尸体,其排放须尽可能远离最近陆地。

(2)货舱、甲板和外表面清洗水中含有的清洁剂或添加剂可以排放入海,但是,这些物质不得危害海洋环境。

(3)当垃圾中掺入其他禁止排放或有不同排放要求的物质,或是被此种物质污染时,须适用更为严格的要求。

特殊区域内的垃圾排放:

(1)仅当渔船处于在航状态并遵守以下规定时,方允许在特殊区域内向海洋排放以下垃圾:

①排放食品废弃物入海须尽可能远离最近陆地,但距最近陆地或最近冰架须不少于 12 n mile。该食品废弃物须业经粉碎或研磨处理且须能通过筛眼不大于 25 mm 的粗筛。食品废弃物须未受任何其他类型的垃圾污染。除非已经过杀菌处理,否则禁止在南极区域排放包括禽类和禽类部位在内的外来鸟类产品。

②对于以常用卸载方法回收的货物残留物,须在满足下列所有条件后方可排放:

a. 货舱洗舱水中包含的货物残留物、清洗剂或添加剂不包含任何被列为对海洋环境有害的物质。

b. 出发港和下一目的港都在特殊区域内,且船舶在这些港口间航行时不会驶出特殊区域。

c. 这些港口没有足够的接收设施。

d. 当满足本款前三项的条件时,排放包含残留物的货舱洗舱水须尽可能远离最近陆地或最近冰架,且距最近陆地或最近冰架不少于 12 n mile。

(2)只有在对海洋环境无害的情况下,甲板和渔船外部表面清洗水中含有的清洁剂或添加剂才可以排放入海。

(3)当垃圾中掺入其他禁止排放或有不同排放要求的物质,或是被此种物质污染时,须适用更为严格的要求。

其他例外情况处理:

(1)前述要求不适用于:

①保障渔船和船上财产安全或挽救海上人命所必需的渔船垃圾排放。

②由于渔船或其设备损坏而导致的垃圾意外灭失,且在损坏发生前后已采取了一切合理的预防措施来防止意外灭失或使其降至最低限度。

③渔具意外灭失,且已采取了一切合理的预防措施来防止这种灭失。

④为保护海洋环境或保护渔船或其船员安全而从船上抛弃渔具。

(2)在航例外:

如果船上留存的食品废弃物明显会立刻危害船上人员的健康,则规定须不适用于这些食品废弃物的排放。

公告牌、垃圾管理计划和垃圾记录:

(1)总长在 12 m 及以上的渔船,均须张贴垃圾公告牌(如图 5-1 所示),根据具体情况告知船员和乘客垃圾的排放要求。公告牌须使用船员的工作语言。

(2)100 总吨及以上的渔船,经核准载运 15 人或以上的渔船,须配备垃圾管理计划,且船员均须执行。该管理计划须提供书面的有关垃圾减少、收集、存储、加工和处理,包括船上设施使用的程序。该计划还须指定一名或多名人员负责执行垃圾管理计划。该计划须使用船员的工作语言,如图5-2所示。

(3)400总吨及以上的渔船和经核准载运15人或以上的渔船,均须配备垃圾记录簿。

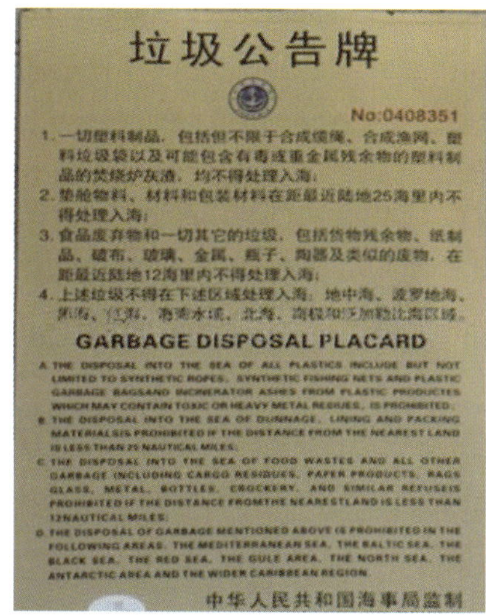

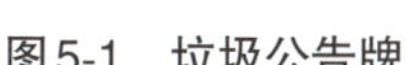
图5-1　垃圾公告牌

图5-2　垃圾分类

二、渔船生活污水排放要求

1. 适用范围

400总吨及以上和小于400总吨但经核定许可载运15人以上的所有渔船。

2. 定义

(1)生活污水

生活污水系指任何型式的厕所、小便池的排出物和其他废弃物;医务室(药房、病房等)的面盆、洗澡盆和这些处所排水孔的排出物;装有活的动物的处所的排出物;或混有上述排出物的其他废水。

(2)集污舱

集污舱系指用于收集和储存生活污水的舱柜。

(3)最近陆地

最近陆地系指距该领土按国际法据以划定其领海的基线。

(4)国际航行

国际航行系指从适用于MARPOL 73/78公约的一个国家驶往该国家之外的港口的航行;反之则相反。

(5)人员

人员系指包括船员和乘客的船上人员。

3. 检验和发证

要求对符合本附则规定的所有船舶进行初次检验、换证检验和附加检验,以保证船舶结构、设备等符合附则要求,对通过检验的船舶主管机关或授权组织及个人发给或签署《国际防止生活污水污染证书》(ISPP证书),主管机关对证书负有全部责任,证书有效期最长为5年。

4. 生活污水系统

(1)每艘符合附则规定的渔船,应配备下列任何一个生活污水系统:

①经认可的生活污水处理装置,该装置应符合国际海事组织制定的标准和试验方法。

②经认可的生活污水粉碎和消毒系统,该系统应设有设施,以便当渔船距最近陆地小于3 n mile时暂时储存生活污水,如图5-3所示。

③集污舱,其容量参照该船营运情况、船上人数以及其他的相关因素,能集存全部生活污水。集污舱的构造应设有指示其集存数量的目视装置。

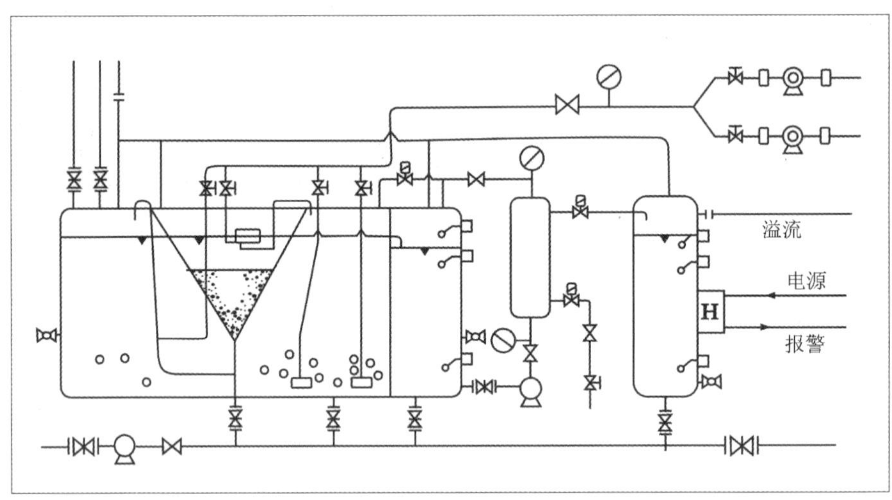

图5-3 生活污水系统

(2)标准排放接头

所有符合要求的渔船无论其是否安装了生活污水处理装置或集污舱,都应配备向港口生活污水处理设备排放生活污水的管路和符合要求的标准接头。

排放接头法兰的标准尺寸,如表5-1所示。

表5-1 排放接头法兰的标准尺寸

项目	尺寸
外径	210 mm
内径	按照管子的外径
螺栓圈直径	170 mm
法兰槽口	直径 18 mm 的孔 4 个等距分布在上述直径的螺栓圈上,开槽口至法兰外沿。槽口宽 18 mm

（续表）

项目	尺寸
法兰厚度	16 mm
螺栓和螺帽：数量，直径	4 个，每个直径 16 mm，长度适当
法兰应设计为能接受最大内径不大于 100 mm 的管子，以钢或其他同等材料制成。表面平整，连同一个适当的垫圈，应能承受 600 kPa的工作压力	

对于型深为 5 m 和小于 5 m 的渔船，排放接头的内径可为 38 mm。

5. 生活污水的排放要求

除为保障渔船及船上人员安全或救护海上人命所必需、渔船或其设备受损的缘故，禁止将生活污水排放入海，除非：

（1）渔船在距最近陆地 3 n mile 外，使用经认可的设备排放已经粉碎和消毒的生活污水，或在距最近陆地 12 n mile 以外排放未经粉碎和消毒的生活污水。但在任何情况下，不得将集污舱中储存的生活污水或来自装有活体动物处所的生活污水顷刻排光，而应在渔船以不小于 4 kn 的船速在途中航行时，在距最近陆地 12 n mile 以外以中等速率排放；排放率应根据 IMO 组织制定的标准予以批准。

（2）经认可的生活污水处理装置正在运转，该装置已由主管机关验证符合本附则的操作要求且设备的试验结果已写入该船的国际防止生活污水污染证书；其排出物须不在水中产生可见的漂浮固体或使周围海水变色。

三、油污控制要求

如图 5-4 所示为油污控制操作。

图 5-4　油污控制操作

1. 适用范围

除另有明文规定外，本附则的规定适用于所有船舶；禁止在渔船装货处所内装载散装油类。

2. 定义

(1)油类

油类是指原油、燃油、油泥、油渣和炼制品在内的任何形式的石油。

(2)燃油

燃油是指船舶所载有并用于推进主机和辅助机器使用的任何油类燃料。

(3)油性混合物

油性混合物系指含有任何油分的混合物。

(4)最近陆地

最近陆地系指按国际法划定的领海基线(国际公约对澳大利亚东北海面的"最近陆地"有特别规定)。

(5)特殊区域

由于其海洋学和生态学的情况以及其运输的特殊性质等公认的技术原因,需要采取防止海洋油污的特殊强制办法的海域。本附则的特殊区域有:地中海区域、波罗的海区域、黑海区域、红海区域、海湾区域、亚丁湾区域、南极区域、西北欧区域、阿拉伯海的阿曼区域和南非南部区域。

(6)油量瞬间排放率

油量瞬间排放率是指任一瞬间每小时排油的体积数除以同一瞬间船速之值,其单位为"升/海里"。

3. 检验与证书

400总吨及以上的非油船,应进行初次检验、换证检验、中间检验、年度检验和附加检验,以保证船舶的结构、设备、各种系统、附件、布置和材料完全符合本附则的要求。对于通过初次检验、换证检验的船舶,发给或者签署"国际防止油污证书"(IOPP证书)。该证书由主管机关或其正式授权机构签发,主管机关对证书负有全部责任。证书有效期由主管机关规定,但不得超过5年。

4. 操作性排油的控制

除为保障船舶安全或救助海上人命、船舶或其设备遭到损坏的缘故、主管机关为降低污染损坏的特殊原因而批准,不得将任何油类或油性混合物排放入海。

(1)400总吨及以上的渔船

①特殊区域以外的排放。

除非符合下列条件,400总吨及以上的渔船禁止将油类或油性混合物排放入海:

a. 渔船正在航行途中;

b. 油性混合物经本附则要求的滤油设备加工处理性;

c. 未经稀释的排出物含油量不超过15 ppm;

d. 油性混合物不是来自油船的货泵舱的舱底。

②特殊区域以内的排放。

除非符合下列条件,400总吨及以上的渔船禁止将油类或油性混合物排放入海:

a. 渔船正在航行途中;

b. 油性混合物经本附则要求的滤油设备加工处理过；

c. 未经稀释的排出物含油量不超过 15 ppm；

d. 油性混合物不是来自油船的货泵舱的舱底。

③就南极区域而言，任何渔船禁止将任何油类或油性混合物排放入海。

(2)小于400总吨的渔船

应按照下列规定将油类和油性混合物留存在船上以便随后排放至接收设备或排放入海。

①特殊区域以外的排放。

除非符合下列条件，小于400总吨的渔船禁止将油类或油性混合物排放入海：

a. 渔船正在航行途中；

b. 油性混合物经本附则要求的滤油设备加工处理过；

c. 未经稀释的排出物含油量不超过 15 ppm；

②特殊区域以内的排放。

除非符合下列条件，小于400总吨的渔船禁止将油类或油性混合物排放入海：

a. 渔船正在航行途中；

b. 油性混合物经本附则要求的滤油设备加工处理过；

c. 未经稀释的排出物含油量不超过 15 ppm；

③就南极区域而言，任何渔船禁止将任何油类或油性混合物排放入海。

5. 油类记录簿

凡400总吨及以上非油船，应备有油类记录簿第Ⅰ部分(机器处所的作业)。每当船舶进行下列任何一项机器处所的作业时，均应逐项填写油类记录簿(如图5-5和表5-2所示)第Ⅰ部分：

(1)燃油舱的压载和清洗。

(2)燃油舱污压载水或洗舱水的排放。

(3)残油(油渣)的处理。

(4)机器处所积存的舱底水向舷外排放或处理。

(5)加装燃油和散装润滑油。

图5-5　油类记录簿

表5-2 油类记录簿填写

日期	代号	细目	作业记录/负责人员签名
2017/10/21	C	11	重油分油机油渣柜 0.2 m^3(0.5 m^3)
			污油柜 0.5 m^3(1.6 m^3)
			李明 2017年10月21日
2017/10/28	C	11	重油分油机油渣柜 0.3 m^3(0.5 m^3)
			污油柜 0.7 m^3(1.6 m^3)
			李明 2017年10月28日

上述每项作业完成后,由高级船员或有关作业负责人记入油类记录簿并签字,每记完一页由船长签字。记完最后一项后留船保存3年。油类记录簿应存放在船上随时可取来检查的地方。缔约国政府的主管当局,可检查在港船舶的油类记录簿。

第二节 应急处置方法

一、油类污染应急处置方法

船舶油类污染水域情况包括操作性溢油和海损事故溢油。船舶发生油类污染时,应根据《国际防止船舶造成污染公约》(简称为《MARPOL73/78公约》)及其附则规定,按照船上油污应急计划和油污应变部署表规定进行应急反应。

1. 应急报告

船上油污应急计划为船舶发生油类污染或有毒液体物质污染应急情况提供了处理程序和方法,并按《MARPOL73/78公约》的要求经过船旗国政府批准。该计划包括:

(1)报告程序,包括报告要求、时间、内容、程序、联系名单等。

(2)油类或有毒液体物质控制措施,包括船舶营运过程中的溢油或有毒液体泄漏;由于海损事故而发生的溢油或有毒液体泄漏。

(3)国家和地方协作(清污机构、沿岸国、港口国)。

(4)其他信息(油污清除设备、培训演习、记录保存)。

2. 操作性溢油

操作性溢油应急措施包括:

(1)立即停止有关操作,关闭相应阀门。

(2)发出溢油报警信号,实施溢油应急反应程序。

(3)通知供油方停止作业,查明泄漏原因、泄漏部位,随时测量油位。

(4)将泄漏油舱或管系中的油驳入空油舱或其他未满舱,必要时将油转驳他船或岸上设施。

(5)清除溢油,妥善保管清除收集的残油。调整船舶横倾角,以减轻泄漏。

(6)远离养殖区、渔区、海滨浴场、海洋自然保护区等海域。

(7)如溢油严重,应联系外援。

3. 海损事故溢油

海损事故溢油应急措施包括:

(1)发出应急警报,实施应急反应程序。

(2)探明破损、泄漏或溢油部位,采取有效的控制措施,阻止继续溢油,同时清除回收溢油,并将泄漏油舱或管系中的油驳入空油舱或其他未满舱。

(3)根据应急抢险情况,评估海损事故对污染的影响,提前采取预防措施。

(4)如溢油严重,应联系外援。

(5)如海损事故导致船舶有沉没危险,需要弃船时,应按弃船应变部署进行,并封闭油舱空气管、测量孔和有关阀门。

二、生活污水和垃圾污染应急处置方法

除油类、油类混合物外,其他物质诸如有毒有害物质、压载舱水、洗舱水、船舶垃圾和生活污水等,违反港口国和港口当局规定排放,也属于污染事故,船上必须采取防污染应急措施,这些措施包括:

(1)发出警报,召集船员准备应急。

(2)立即查明污染源,评估污染规模,按现场情况拟订应急方案。

(3)消除海面污染的应急措施,包括对液体污染物关闭相关阀门、船内移驳、堵漏,对散落入海的漂浮物进行打捞等。

(4)按照当地法律规定将污染情况向当局报告,并听从指挥,同时向公司报告污染情况。

(5)应急结束后,应接受当局的污染事故调查和处理,并做好相关记录和向公司做详细的报告。

第三节　油污应急设备及使用

渔船发生污染海域事故,应该立即向主管当局报告。在海水中使用吸油和除油材料,应尽可能事先实施围控。船舶需要使用消油剂类产品,必须事先向当局申请,经批准后方可使用。

一、海上溢油事故的处理过程

(1)使用围油栏等围油材料将溢油围挡,防止其进一步扩散。

(2)使用吸油装置和设备回收大部分溢油。

(3)使用吸油材料回收残余的少量溢油。

(4)如果可行并得到许可,可采用消油剂等对于无法回收的溢油进行乳化处理,最好采用生物降解方式处理。

(5)进行环境评价和溢油事故善后处理。

二、海上油污常用处理方法

(1)机械回收处理:使用围油栏、吸附材料等进行回收处理。

(2)化学处理:使用消油剂、集油剂、凝油剂等处理。

(3)生物处理:使用嗜油类微生物处理油污。此类微生物在海洋中具有较强的氧化和分解能力,因此在溢油海区撒播营养物质,使微生物大量繁殖,从而促进溢油的氧化和分解,达到清除溢油的目的。

(4)燃烧处理:主要用于处理船舶大量溢油,仅靠回收处理难以完成的溢油事故才采取燃烧的方法。

三、常用吸附材料

目前船上使用的吸附材料主要有无机材料、天然有机材料、人造聚合材料等,如表5-3所示。

表5-3 主要吸油材料

分类	主要材料	特点	吸油量	吸油性能
无机材料	蛭石、火山灰等	便宜,易获得	自重的1~2倍	差
天然有机材料	木屑、草袋、芦苇等	适于吸收风化的重油或原油	自重的5~10倍	较好
人造聚合材料	吸油棉、吸油毡等	吸油量大,保油能力强,油水选择性好	自重的6~30倍	优

四、油处理剂

油处理剂主要有集油剂、消油剂和凝油剂。

(1)集油剂是一种界面活化剂,不溶解于水,不使溢油乳化,对鱼类毒性小。

(2)消油剂是一种用来减少溢油与水之间的表面张力,从而使油迅速乳化分散在水中的化学试剂,是目前使用最多的溢油处理剂,通常由主剂和溶剂组成。

(3)凝油剂是一种使溢油达到凝胶状态或块状的化学试剂。

五、油污应急设备的使用

1. 木屑、草袋的使用

(1)先用围油栏围控溢油,没有围油栏的船舶可用漂浮的化纤缆绳代替,以控制溢油和吸油材料的漂散,方便吸油作业和回收吸油材料。

（2）用小艇向溢油面撒播木屑或草袋。

（3）吸油后应立刻捞出木屑和草袋，因其吸水量大，长时间留在水中会因吸水后重量变大而沉入水下。

（4）已吸油的木屑不易回收，可用两小艇用拖网方式慢速拖曳少量围油栏聚拢木屑，边拖边捞。

（5）最后一边收缩围控设施一边用小艇捞起积聚在围控设施处的木屑。

（6）从水中捞起的吸油材料应尽快焚烧处理。

2. 吸油毡的使用

海上使用吸油毡，通常在围控状态下，用小艇向溢油处呈水平投放，在一面吸油后翻另一面充分吸油。对吸足油的吸油毡应及时回收。最好使用足够数量的吸油毡，使其处于吸油未饱和状态而不断吸油。当余油稀薄时，应逐步缩小围控范围。使用吸油材料时，不得使用消油剂，以免降低吸油能力。回收的吸油毡应及时焚烧处理，并防止滴出的含油污水二次污染水域。

3. 围油栏的使用

围油栏一般采用围控方式，即包围全部溢油区域，如果由于溢油面积过大，没有足够数量围油栏，可采用两小艇拖带围油栏进行扫油，然后回收的方式。油污清理结束，围油栏需要专业拆解、清洗、晾晒。

4. 油处理剂的使用

（1）集油剂适用于面积大、油膜薄的溢油，一般使用剂量为每千米溢油周边长使用50 L。

（2）凝油剂主要是用来使已溢出海面上的油固化成凝胶状，防止扩散以便回收。

（3）消油剂常在回收大部分溢油后处理水面残油或是因风浪大无法回收溢油时使用。多采用直接喷晒的方式，在沿岸国管辖区域内使用消油剂前，务必事先向主管机关申请，说明其牌号、用量和使用地点，经批准后方可使用。

本章思考题

1. 塑料垃圾经过处理后能否排入海里？
2. 渔船舱底污水应该如何处理？
3. 海上油污常用处理万法有哪些？
4. 渔船固体垃圾分哪几类？
5. 操作性溢油的应急措施有哪几种？

第六章　渔业安全生产操作规程

安全生产责任重于泰山，渔业安全关系千家万户，关系渔区领域的稳定。树立安全意识，严格遵守操作规程，预防为主，做好防范，保证安全。本章渔业安全从航行前安全操作、航行时安全操作、锚泊时安全操作、作业时安全操作、绑靠时安全操作、装卸货时安全操作、其他安全操作方面做了介绍。

第一节　航行前安全操作

一、航行前保证船舶适航

（1）出航前应检查船舶和船员证书、证件是否齐全有效。

（2）出航前应检查各助航设备是否处于正常状态，通信设备是否正常。

（3）机舱各机器是否能正常运转。

（4）全船各消防、救生等设备（如图6-1所示）是否齐全正常。如发现问题，及时解决。

（5）检查本航次所用海图、图书资料等是否齐全有效。

（6）所有船员应在开航前2 h或按照船长规定的时间内回船。

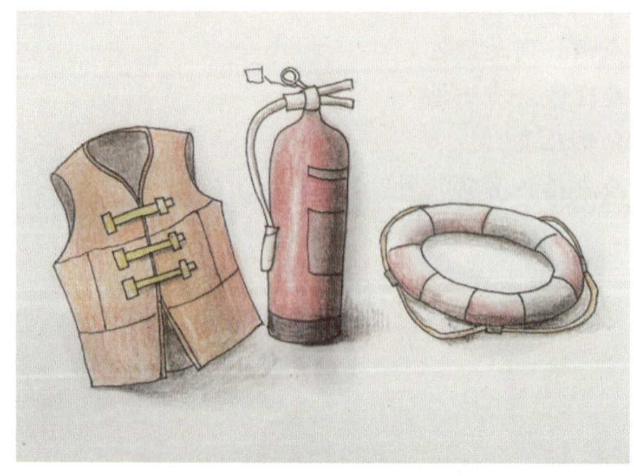

图6-1　消防救生设备

二、注意接收气象预报

航行前应注意接收气象预报，并对航行区域、作业区域的天气及海况有充分的了解，严禁超风级出海作业，不能有侥幸心理。

三、编队出海作业保持联络畅通，同出同回，互相照应

第二节　航行时安全操作

本节包含以下几个安全操作：驾驶台、机舱、甲板以及其他方面安全。无论何时，船舶均应使用安全航速航行。

一、驾驶台

驾驶台是船舶航行的指挥中心，当值人员应当严肃认真，不得做与值班无关的事情，无论航行与停泊，无关人员不得进入驾驶台。除船长因工作需要外，任何人不得将移动电话带进驾驶台。在航行中，特别是进出港期间，船长应尽量不使用移动电话，如因工作需要必须使用，应正确处理好与操作、瞭望的关系，确保船舶航行安全。

值班人员应当保持正规瞭望（如图6-2所示），不得随意离开驾驶室。任何人不得在驾驶台坐卧睡觉，不得穿睡衣、内裤、拖鞋进入驾驶室。除船长因工作需要外，任何人不得在驾驶台就餐。

图6-2　保持正规瞭望

下面就船舶在进出港及航行期间相关安全方面的要求列举如下：

1. 进出港安全

（1）船长必须在驾驶台亲自操纵船舶，靠离泊时应慢车操纵。注意港内信号及港口的有关规定。对港内的危险地区，水流情况应充分熟悉，各灯浮、灯标、灯船应心中有数。

（2）正确显示规定的信号，保持VHF16频道和港口指定频道连续守听。

（3）能见度不良及遇恶劣天气影响进出港时，应遵守能见度不良时的航行规定和各港有关进出港视距限制及航速限制的规定，船长应根据当时环境要求，采取相应的安全措施，必要时择地抛锚。

（4）在不影响安全的前提下，尽量让出深水航道。

（5）禁止与大船靠得太近。因为船间效应，太近容易被大船吸过去或者由于大船的波荡的排斥作用造成翻船。

2. 海上航行安全

（1）值班人员应当按照船长所规定的航线及航向航行，航行于存在分道航行的海区，按规定的分道航线航行。除为了避免紧急危险，不得擅自驶离航线。

（2）机动船严格遵守《国际海上避碰规则》，非机动船在我国海域航行时应遵守《中华人民共和国非机动船舶海上安全航行暂行条例》。根据规则要求，运用一切有效手段保持正规瞭望，根据规则要求及早采取避让措施。

（3）为了做好避让操作，船长、驾驶人员都应熟悉和掌握本船的操作性能。

（4）交接班时，交班人员如正在进行避让操作，应当延迟交班，直到完成并恢复正常航行之后再进行交班。

（5）渔船严禁超载及超抗风等级航行，如图6-3所示。

图6-3　严禁超抗风等级航行

（6）当驾驶人员遇到下列情况应报告船长：

①发现计划航线有问题或有怀疑时。

②发现不明岛礁、灯标或灯浮失常时。

③发现可疑船只、新障碍物、漂浮物、求救信号及天气恶劣、能见度不良时。

④船体漏水、船舶失控时。

⑤其他自己不能处理的异常情况等。

(7)雾天航行时应注意以下操作:

①进入雾区前应测定船位,检查各助航设备的工作状态。

②充分利用助航设备及各种有效手段保持正规瞭望,及早做系统、全面的观察检验。对与他船是否正在形成紧迫局面和(或)存在碰撞危险,要根据充分的资料做出正确的判断。

③按规定显示号灯、号型,并鸣放雾号。

④加派有经验的船员到船首瞭望,必要时应备锚。

⑤发声号时力求不与他船声号重叠。如听到他船的雾号显示在本船正横以前,或与正横以前的他船不能避免紧迫局面时,应将航速减至能维持航向的最小速度,必要时把船安全停住,仔细辨明他船动向、谨慎驾驶,直至碰撞危险过去。

⑥双拖渔船间要加强联系,头船转向应及时通知二船(跟船)。

⑦在近岸、近岛礁等复杂水域附近时,应充分注意风流对船舶的作用,注意辨认声号的回声,如对船位准确度无把握,在条件许可时应立即下锚,绝对避免摸航。

⑧全船应保持肃静,停止一切不必要的扰音,同时要打开驾驶台门窗,以方便视觉瞭望和听觉的感知。

⑨在与他船不在互见的情况下,切不可使用互见中的操纵和警告声号。

⑩根据当时的情况,使用雷达时应注意使用适当的量程,并交替使用远近量程。

(8)大风浪天气航行应注意以下操作。

①船舶在大风浪中航行,应加强收听气象报告,做到心中有数,及早防范。

②应适当调整航向与波浪的交角,避免打横。

③注意风浪对船舶横移的作用。如环境许可,尽可能在险礁的下风通过。

④在大风浪中掉头或转向要谨慎操作。

⑤经常巡视检查货物和属具的稳固情况。发现松弛、移动,应立即整理加固,避免扩大;工作时注意风浪及船舶横摇情况。

二、机舱安全

(1)航行中机器(械)发生故障有碍航行时,应通知驾驶员,征得同意后方可减速或停车;若长时间停车,应征得船长同意,并根据本船动态显示相应信号。

(2)机舱区域应注意防滑、防污、防火。

①机舱照明禁止使用明火。

②机舱明火作业时必须保证作业区域的安全。

③机舱地板定时清洁,防止油污引起滑倒。

④密切关注易漏油管路、设备,防止海洋污染。

(3)轮机员应按时检查、测试机舱设备,保证设备的正常运行。

(4)装卸燃油时,严格遵守防火、防污作业要求,具体如下:

①禁止明火作业,如图6-4所示。

②禁止吸烟,如图6-5所示。

图6-4 禁止明火作业

图6-5 禁止吸烟

③禁止能产生明火的作业。

④应堵塞好甲板流水孔。

⑤现场应准备各种防溢油器材和灭火器材。

⑥装卸燃油前严格检查管路，装卸期间派专人值守，勤测油位，防止溢油。提前通知起停相关油泵。

⑦装卸完毕，及时清理地面油污，如图6-6所示。

⑧一旦发生溢油，应立即采取防污染措施，同时通知船长。

⑨与供油或受油单位保持联系。

（5）机舱易燃易爆危险品，应妥善安置在规定地点，并严加管理，附近配备消防器材，并有“禁止明火作业”的标语。

图6-6　清理地面油污

三、甲板安全

(1)禁止航行中俯身在海中洗涤或用水桶从海中取水。

(2)航行中禁止锁门睡觉,如图6-7所示。

图6-7　航行中禁止锁门睡觉

(3)靠离码头时,不要站在绳索受力方向,防止绳索崩断击伤。

(4)大风浪来临时应当:

①关闭舱口、天窗、通风筒等开口部位。

②使排水泵、排水管处于正常使用状态,舷墙排水孔(门)保持畅通。

③甲板活动部件捆绑固定,并经常巡视。

④密切注意甲板通道行人和工作人员操作安全,各通道应系妥牢固的安全扶手绳索。

⑤应在允许情况下尽量多次测量水舱，发现异常情况应立即报告船长，并进一步检查和采取相应的安全措施。

⑥应检查水密门，确保其水密，并能随时关闭和旋紧。

⑦检查海锚是否正常。

⑧大风浪来临时禁止高空作业。

(5)因工作需要临时打开的孔盖、盖板、道门等应予以关闭，四周设置护栏或护绳，夜间应设置警示灯，防止坠落。

(6)行走时注意查看路面，防止跌倒，如图6-8所示。

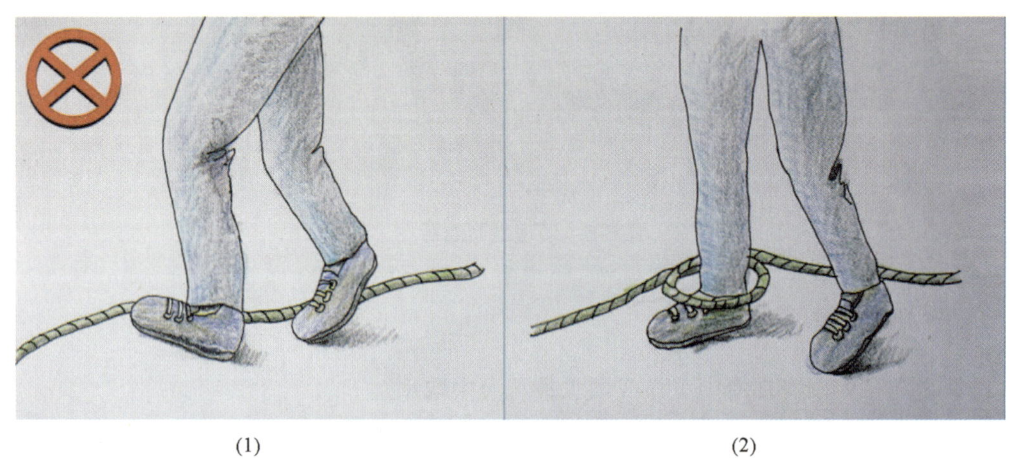

(1)　　(2)

图6-8　防止跌倒

第三节　锚泊时安全操作

一、选择合适的锚位

选择合适的锚位并应注意以下几个方面：

(1)严禁在航道内锚泊。

(2)严禁在分道通航端部及定线区域锚泊。

(3)严禁在禁锚区锚泊。

(4)严禁在有海底电缆的位置下锚。

(5)严禁锚位和其他船间距太近。

(6)应尽量避免在急流区域锚泊。

二、抛起锚的注意事项

(1)检查锚头卸扣是否松脱。

(2)检查锚缆(链)是否磨损严重。

(3)检查锚是否变形,变形会不会影响锚抓力。

(4)起抛锚时,操作人员应密切注意锚缆(链)方向和松紧程度,及时报告船长,以便船长运用合适的车舵使锚缆(链)保持正确的导向和适度的张力。

三、锚泊时的注意事项

(1)显示正确的号灯、号型。

(2)锚泊后应保持正规瞭望,时刻关注锚位情况。

(3)注意风力变化,查看锚缆受力及磨损情况。

第四节　作业时安全操作

一、拖网作业

1. 放网与带网

(1)放网前十分钟,船长通知有关人员检查设备、网具、属具等,做好放网前的准备。

(2)进行放网作业时,在网具最末端入水时,船上人员必须确保所处位置不会被渔网带进水里,如图6-9所示。

图6-9　站到安全位置

(3)如发生故障,立即报告船长,待网、缏停止移动后,用弹钩或绳索固牢并留根,再进行处理;严禁在网具放出过程中用手拉、脚蹬或用不当方式固定网具的方法去处理故障,如需到舷外、网上处理故障，必须采取可靠的安全措施方可进行。

（4）网放出后如一切正常即显示信号通知缏船，带缏船收到信号后，慢慢向网船靠拢，应根据风、流、海况，使两船保持一定安全距离，抛撇缆前应发出呼叫声引起多方人员注意，以免打伤人。

（5）在起、放网两船靠拢时，对下列险情应予以充分戒备：

①舵机失灵。

②受风、流压冲击，两船可能会加速靠拢。

③弹勾一时打不开或突然滑出。

（6）网船撞到缏头，必须用绳索留住，严禁用手压脚踩，网头对接完毕后，通知船长放缏，抛缏速度要均匀，跑缏一舷禁止人员工作和停留，更不许跨越横过。

（7）对老根时后台要有两人操作，待接头全部放出后再上卡环，总子顺上好后应复查一遍，再站滚筒外将老根放出。

（8）当缏放出三分之二左右时，通知驾驶台停车，靠惯性放完，然后再加车逐步增速拖曳。

（9）从放网到起完网的全过程中，应按规定显示拖网渔船的号灯、号型或声号。

（10）带网时应安排人员值班，注意对船信号和两船横距，如与其他作业渔船相遇，应执行《渔船作业避让暂行条例》，防止发生事故。

（11）拖网操作时应注意转向，避免横风、横浪，如图6-10所示。

图6-10　避免横风、横浪

（12）放网时，禁止人员站在网囊上，如图6-11所示。

图6-11　禁止站在网囊上

（13）拖网时，避免身体与曳绳接触，以防止曳绳断裂，人员受伤，如图6-12所示。

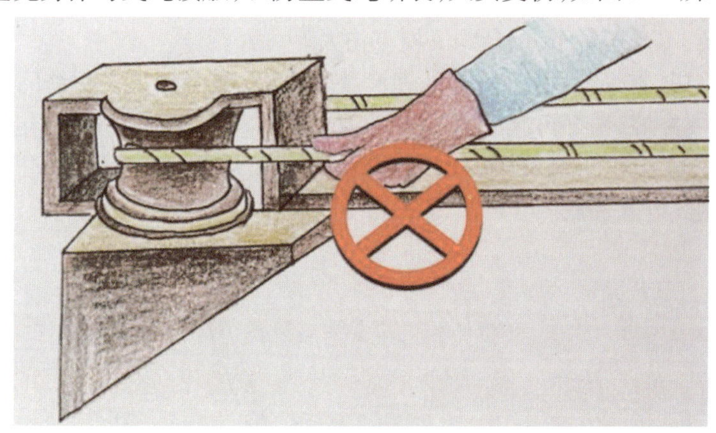

图6-12　勿碰触曳绳

（14）未进行拖网操作时，放网艉口需使用安全链条，以防人员落水，如图6-13所示。

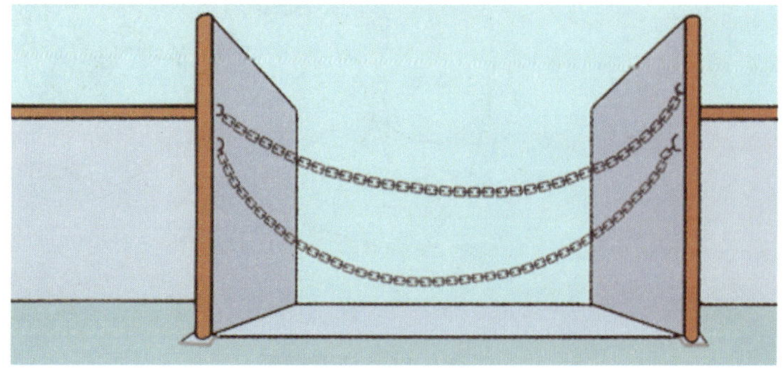

图6-13　防止落水

（15）对于艉拖网渔船，起放网作业均在艉部进行，注意风向和潮流。

2. 起网

(1)值班人员在起网前十分钟通知全体人员做好起网准备,并显示信号通知对船。

(2)两船绑靠时应谨慎驾驶,两船距离以打过撇缆为限,严禁双方人员互掷物品取闹。

(3)网船接到缆,上稳车绕三圈后方可停车,通知带绠船打开弹勾。

(4)稳车应由熟练人员操作,衣着利落,思想集中,谨慎操作,曳纲接头上稳车后要注意排列好,如遇卡环、转环或接头,应将其滚向一侧逼开,防止缠压,禁止手推、脚蹬,必要时关闸处理。

(5)操作稳车人员工作时要坚守岗位,必须按指挥人员的口令或手势绞绠上网或起吊货物。

(6)收绞曳纲时两边应均匀绞进,并保持曳纲与船尾有一定斜度,适当开车调整,空纲上来后停止绞进,开车拖一下,再继续绞,防止曳纲或网具压入船底。

(7)曳纲卷入滚筒时要排列整齐,注意查看卡环、转环有无损伤,并尽量在旁边压牢。

(8)在大风浪天起网应使渔船处于顺浪或迎浪状态,不可横浪吊网,吊大脚、网身时要加安全钩,禁止脚踩、身压,防止网退回时带人落水。

(9)吊包时任何人不准停留在鱼池中,抽包绳人员不得站在舱边、舱口处,吊包起重不得超过安全负荷。

(10)遇大网头、泥沙过重或拖到障碍物时,要使用稳车分段绞进,不要用吊杆起吊,收绞时要使用卡环倒换,不要用钩子,以免钩子拉直伤人。

(11)起网完毕,将吊钩固定好,除处理渔获人员外,应分派人员整修网具,腰带和卡包绳索要整理好,网锭要穿好,做好再次放网的准备,如长时间航行, 需将网具固定住。

(12)对于舷侧上网渔船,起网时应当谨慎操作,避免因起吊网具造成横倾,如图6-14所示,同时注意防止网具进入船底。

图6-14　注意横倾

二、围网作业

1. 放网前注意事项

（1）吊放舢板前应先检查其设备情况，吊放时，要待大船顺浪停稳后进行，舢板内不许留人。

（2）人员应在大船停车或慢车时上下，防止人员落水。

（3）舢板上的工作人员不得打闹和睡觉，随时准备放网。

（4）拖带舢板的拖缆要坚固，弹钩要插好销子，不准大舵角转弯，防止拖翻舢板。

（5）船尾人员不准在网上打闹、睡觉，风浪天不准坐在网垛上。

（6）围网作业渔群集中、船只密集，找鱼下网时要特别注意他船动向，防止碰撞事故发生。

（7）瞭望人员上下桅杆要注意安全，在桅斗内，不准坐在边缘上。

（8）放网前要检查网具、网头、上纲、底纲、底环、各部连接转环、卡环、浮子等，整理清楚，不得有倒压和扭结现象，准备随时放网，如图6-15所示。

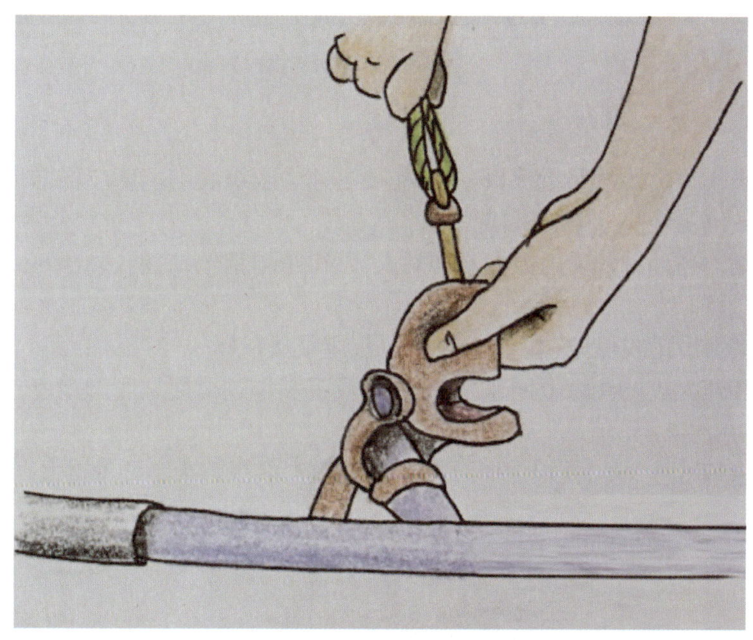

图6-15　放网前准备（检查卸扣）

（9）船长要同瞭望员密切配合，随时注意瞭望员的口令，其他人员不得大声喧哗。

2. 放网

（1）船长根据瞭望员所观察鱼群情况，决定下网，首先发出预备信号，通知各就各位。

（2）当瞭望员确定舢板或灯船离开船尾无碍时，通知船长要车；接对网头人员立即对好，打弹钩时，要注意周围和脚下情况，做好安全措施，如因故不能下网，应解开网头。

（3）放网时尾部和放网一舷不准有人走动，放底网人员应将身体让出绞车外，不得忽紧忽松，防止翘脚或网上缠上底纲。

（4）放网时不准喧哗，以免干扰瞭望人员的口令。

(5)打石子人员要听从指挥,防止将石子打在鱼群中或打伤舢板人员。

(6)网船靠近灯船或舢板时,应先慢车并准备倒车,灯船或舢板人员应及时将网头底纲引缆打给网船,并随时注意网船动向,防止因操作失灵或机器故障而发生碰撞,如图6-16所示。

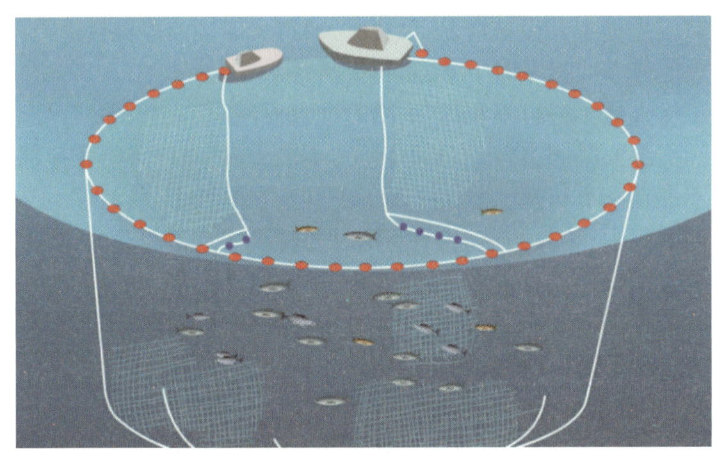

图6-16 防止碰撞

3. 起网

(1)起网操作人员要按照指挥口令,动作要迅速。收绞底纲速度应根据鱼群沉浮情况,鱼群起浮要快些,下沉要慢些,不准盲目起吊。

(2)绞底网时各种钢丝受力方向不准站人,不得跨越钢丝,底网遇故障必须用足够强度的链索搭牢后方可处理。

(3)操纵动力滑车或机械、电动起网机人员,应服从指挥。

(4)操作底环人员要注意上网速度,不要造成因操作过早而从底脚跑鱼,拉网衣不得将手指插入网眼或坐在网衣上。

(5)操纵稳车吊网人员,要根据捆网人员的指挥起吊,风浪天不要吊得太高,如图6-17所示。

图6-17 风浪天禁止吊高

(6)网衣要均匀,上下纲网衣要分清,浮子排整齐,穿底环要仔细认真,以免网衣受风流影响时压入船底,必须处理妥当方可用车,必要时用舢板拖带。

(7)使用舢板提浮子时,防止将舢板压翻。

(8)网上甲板后,需把网头吊一下,底网拔几米,再次放网前还要检查一遍,防止放网时拖不下网头。

(9)在船尾收网时,可能会损坏船舶结构或设备,造成船舶倾覆,因此,船员应在船尾辅助将网兜散开(如图6-18所示),将渔获物取出。

图6-18 辅助网兜

(10)起网时,船员应与网囊及卷网机保持安全距离(如图6-19所示),同时应避免与滚滑轮设备接触,尤其注意避免手脚夹入其中。

图6-19 保持安全距离

(11)确保围网上的网带能够在网环上灵活收紧(如图6-20所示),不会因收网时网环张力击伤船员。

图6-20 网环灵活

（12）甲板渔捞机械注意日常维护，网具经常清洗，如图6-21所示。

图6-21 清洗网具

4. 捞取渔获物

（1）捞鱼时，按分工岗位操作，鱼多网重，风浪较大时多留网衣，不要绞得过紧，防止暴网。

（2）捞鱼时，必须将浮子纲收紧，捆扎牢靠。

（3）要戴安全帽，穿救生衣，不要将身体探出舷外。

5. 渔获物处理注意事项

（1）渔获物处理过程中，对凶猛有刺和有毒鱼类，要用手钩谨慎处理，单独放置，以防伤人。

（2）下舱装鱼人员不准向舱里硬跳，渔获下舱时要提前通知舱下人员躲开。

（3）刨冰要由冰垛上面开始自上而下刨用，禁止开穴挖洞，防止冰垛倒塌伤人。

（4）舱内装载应分布均匀，保持平衡以防止船体倾斜，严禁超载。

(5)渔获处理完毕,应将舱盖封好。

(6)卸鱼时应提前开舱通风,防止因鱼变质而使下舱人员中毒。

三、流网作业

1. 放网

(1)到达渔场后,船长应根据周围船只与海况选择适宜的网档,并避开航道。

(2)放网前十分钟,通知船员做好准备,穿戴好护具,衣着利落,清理好脚下,待命下网。

(3)有风天顺风放网,无风天横流向放网,用车要适当。

(4)放完网后应放出适当长度的带网缏(根据天气情况确定),并与锚缆扣子搭好,末端系在大桩上,用麻袋或网衣包垫,以防磨损。

(5)夜间要加强值班,按规定及时、正确地显示号灯。

(6)大风浪天一般不要下网,防止网缠拢而撕破,并做好防风抗浪的准备。

2. 起网

(1)起网前十分钟通知船员做好准备,穿戴护具,衣着利落。

(2)不论人力或机械起网,要分工明确,各负其责,起网时要把网衣、浮舵、底脚盘好,收回的芒子按顺序放在规定的地方,并将芒子绳闪出清理好。

(3)起网机要专人使用,思想集中,注意安全。

(4)拔底脚人员,可视网在水中情况及时通知船长用车防止缠摆。

(5)风浪天起网要迎着风浪,船长用车时应听从口令,密切配合,不要横浪上网。

(6)起完网后及时修整网具。

四、笼壶作业

(1)船员在船尾施放笼壶时,应系好安全带,如图6-22所示。

图6-22　系好安全带

(2)笼壶网在堆放或转移时应保持稳定,不可摇晃;注意笼壶堆放高度,如图6-23所示。

(3)在渔船航行、放网和起网过程中,笼壶均应有效固定,不可移动。

图6-23　注意堆放高度

五、渔业船舶在进行捕捞作业时的值班要求

(1)不论何种作业方式,起放网时应由船长值班。

(2)渔船在进行捕捞作业时,值班驾驶员除应考虑航行值班要求外,还应考虑下列因素并正确地采取行动:

①船舶操纵性能,尤其是停船距离、航行和拖带渔具作业时的回转半径。

②甲板上船员的安全。

③因捕捞作业、渔获物装载、异常海况和天气状况等产生的外力而对船舶安全带来的不利影响;以及稳性和干舷的降低对渔船安全带来的不利影响。

④附近海上建筑物的安全区域、沉船和其他危及渔具的水下障碍物。在装载渔获物时,应注意在整个航行期间内都应留有充分的干舷,保持渔船稳定性和水密性,还应考虑燃料和备用品的消耗、可能遇到的异常天气状况而导致的危险。

⑤双拖网渔船在航行中两船应保持安全距离,前、后互相注视,经常联系,如发现对方失去目标、联系或有任何怀疑时,应立即查找,后船不应盲目跟航,发现问题及时通知前船。

第五节　绑靠时安全操作

(1)绑靠前,甲板操作人员应穿好劳保用品,备好靠球、碰垫和缆绳等,并将伸出舷外设备等物品及时清理好。

(2)绑靠时注意控制船速,慢车靠近。

(3)绑靠时要注意缆绳受力情况,防止绳索崩断击伤人员。

(4)绑靠缆绳不应有绳结存在。

(5)靠船时,不要将手放在船舷边缘或护栏上,防止挤伤。

(6)两船靠好后,禁止随意跨船。

第六节　装卸货时安全操作

(1)卸鱼时,应提前开舱通风,防止因鱼变质使下舱人员中毒。

(2)装卸作业要选择天气海况良好时进行。

(3)装卸前应认真检查吊货设备是否完好。

(4)不得超负荷起吊。

(5)起吊时,必须遵守设备安全操作规程。捆扎牢固,在物件的尖角缺口处应设衬垫保护。严禁双手握在绳索与物件之间。要注意物件的摇摆情况,不要在物件起吊期间站在危险区域,防止挤伤或物件跌落砸伤。

(6)作业人员要穿着劳保用品,听从指挥。

第七节　其他安全操作

(1)不得进入未经充分通风的密闭舱室。

(2)进入舱室作业,舱室外应有专人看护,并放置"里面有人作业"的告示牌,舱口关闭前,要确定舱室内无人。

(3)不准违章作业、违章指挥。

(4)临近作业或作业中不准饮酒。

(5)不要暴露在雷达的辐射中。在雷达天线转动区域作业时,应确保雷达处于关闭状态,并通知驾驶台值班人员。

(6)雷雨天气,不要站在露天甲板上,如图6-24所示。

(7)有风浪时,锅中烧水不宜过满,开水桶、热水瓶必须有稳固装置,如图6-25所示。

(8)救生衣应放在易于取拿之处,不可当枕头、坐垫使用,以免将救生衣压变形,失去功效。

(9)船舶无潜水设备,在海上不准潜水处理故障。潜水作业时,注意做好保护措施。

(10)要定期清洁甲板,尤其是清除鱼体黏液,防止滑倒。

(11)任何时候都要防止意外落水,如图6-26所示。

图6-24　注意雷电

图6-25　厨房设备固定

图6-26　防止意外落水

本章思考题

1. 渔船在开航前应注意哪些事项？
2. 渔船在进出港时，驾驶台应注意哪些事项？机舱应注意哪些事项？
3. 渔船在航行期间，甲板人员应注意哪些事项？
4. 渔船锚泊时应注意哪些事项？
5. 渔船遭遇大风浪时应注意哪些事项？
6. 渔船在能见度不良环境下应注意哪些事项？
7. 分别阐述渔船在拖网、刺网、流网、围网和笼壶作业时应注意哪些事项？
8. 渔船在绑靠时应注意哪些事项？
9. 渔船在装卸货时应注意哪些事项？

第七章　渔业相关法律法规和管理制度概要

渔业法规指有关渔业的法律规范的总和,即调整有关渔业的各种活动和关系的法律规范的统称。渔业生产活动主要是在水域中进行的,渔业捕捞生产具有很强的流动性,在海洋和邻接多国陆地领土的内陆水域中进行的渔业捕捞活动不可避免地涉及国际海洋法等有关的国际法。因此,渔业法规在内涵上包括属于国家法律体系范围内的国际渔业法规和国内渔业法规两大部分。

国际渔业法规主要有有关渔业的国际条约,包括双边协定和多边协定,如中日渔业协定、中韩渔业协定等,多以公约、条约、协定、议定书等的形式出现,以及国家在渔业领域长期实践中所形成的国际习惯,不具备法律文书的形式。按照国内渔业法规的内容或调整的对象,国内渔业法规可分为:渔业基本法、关于渔业资源保护和合理利用的法规、关于渔业水域环境保护的法规、关于渔业生产管理的法规、关于渔业组织的法规、关于渔业经营流通的法规、关于渔船的法规、关于渔船管理的法规、关于渔港的法规、关于渔业监督管理的法规、关于渔业无线电管理的法规、关于渔业金融和保险的法规等12种类型,其最新的生效时间具体如表7-1所示。

除相关法律法规外,地方或组织为了更好地对渔业生产进行管理,可根据具体的生产作业条件制定相应的渔业管理制度,主要有渔业生产管理制度、渔业安全管理制度、渔业船员管理制度、渔业养殖管理制度、渔业船舶安全管理制度、水产种质资源保护区管理制度等。

表7-1　渔业管理法律法规

	法律法规名称	生效时间
1	《中华人民共和国渔业法》	1986年7月1日
2	《中华人民共和国海上交通安全法》	1984年1月1日
3	《中华人民共和国渔港水域交通安全管理条例》	2011年1月8日
4	《中华人民共和国渔业船舶检验条例》	2003年8月1日
5	《中华人民共和国防治船舶污染海洋环境管理条例》	2010年3月1日
6	《中华人民共和国水生野生动物保护实施条例》	2011年1月8日
7	《中华人民共和国渔业船员管理办法》	2015年1月1日
8	《中华人民共和国渔业船舶登记办法》	2013年1月1日
9	《中华人民共和国渔业捕捞许可管理规定》	2002年12月1日
10	《中华人民共和国船舶进出渔港签证办法》	1990年1月26日
11	《中华人民共和国渔业港航监督行政处罚规定》	2000年6月13日
12	《中华人民共和国渔业船舶事故报告和调查处理规定》	2013年2月1日

附录 渔船基本安全考试大纲

相关说明

(一)适用于所有海洋渔业普通船员。

(二)表中"○"对应"了解"层次,"◎"对应"熟悉"层次,"●"对应"掌握"层次。

(三)建议培训课时数:20课时。

考核知识点	适用对象
	海洋渔业普通船员
一、海上求生	
1. 概述	
(1)海上求生的一般原则及意义	◎
(2)海难的种类和性质	◎
(3)海上求生者的主要危险与求生要素	●
(4)海上落水人员待救措施	●
2. 救生设备	
(1)救生艇(筏)	●
(2)救生衣	●
(3)救生通导设备	●
(4)其他救生设备	●
二、船舶消防	
1. 概述	
(1)燃烧三要素	○
(2)船舶安全防火控制	●

（续表）

考核知识点	适用对象
	海洋渔业普通船员
2. 消防设备	
（1）船舶消防设备	◎
（2）防火控制图	●
3. 渔船火灾的特点、分类及灭火方法	
（1）渔船火灾的特点	●
（2）火的分类	●
（3）灭火方法	●
三、应急措施	
1. 应变部署	
（1）应变部署表、应变卡、应急计划和船员应急职责	●
（2）应变信号	●
（3）集合地点	○
2. 应急培训、训练和演习	●
3. 应急程序	
（1）失控	●
（2）弃船	●
（3）火灾	●
（4）碰撞	●
（5）堵漏	●
（6）防污染	●
（7）制冷剂泄漏	●
（8）人落水和搜救	●
四、海上急救	
1. 急救概述	
（1）海上急救的目的	○
（2）海上急救的原则	○
（3）实施急救的优先顺序	●
2. 常见伤害、急症处理	

（续表）

考核知识点	适用对象
	海洋渔业普通船员
(1)常见伤害	●
(2)常见急症	◎
(3)处置方法	●
五、海上防污要求	
1. 海上污染控制要求	
(1)固体垃圾排放要求	●
(2)生活污水排放要求	●
(3)油污控制要求	●
2. 应急处置方法	●
3. 油污应急设备及使用	
(1)海上溢油事故的处理过程	○
(2)海上油污常用处理方法	○
(3)常用吸附材料	◎
(4)油处理剂	○
六、渔业安全生产操作规程	
1. 航行前安全	●
2. 航行时安全	●
3. 锚泊时安全	●
4. 作业时安全	●
5. 绑靠时安全	●
6. 装卸货时安全	●
7. 其他安全	●
七、渔业相关法律法规和管理制度概要	◎
八、船员心理健康	●
九、典型案例分析	●

参考文献

[1] 单浩明,李琳,刘彦东. 基本安全:个人求生. 大连:大连海事大学出版社,2012.

[2] 中国海事服务中心. 基本安全:个人求生. 北京:人民交通出版社;大连:大连海事大学出版社,2012.

[3] 戚发勇,王岩,李琳. 基本安全:个人安全与社会责任. 大连:大连海事大学出版社,2013.

[4] 王新,曹铮. 基本安全:防火灭火. 大连:大连海事大学出版社,2012.

[5] 中华人民共和国渔业船舶检验局. 渔业船舶法定检验规则(远洋渔船2015). 北京:人民交通出版社,2015.

[6] 陈兵. 基本安全:基本急救. 大连:大连海事大学出版社,2013.

[7] 陈维英. 基础护理学. 3版. 南京:江苏科学技术出版社,1999.

[8] 邹月,龚启梅. 急救护理学. 北京:中国科学技术出版社,2007.

[9] 王有权. 航海心理学. 2版. 大连:大连海事大学出版社,2007.

[10] 俞国良. 心理健康. 2版(修订版). 北京:高等教育出版社,2013.

[11] 苏晓飞,宋来军. 捕捞基础. 北京:中国农业出版社,2017.

[12] 邢彬彬. 渔具渔学法. 大连:大连海事大学出版社,2017.

[13] 孙中之. 刺网渔业与捕捞技术. 北京:海洋出版社,2014.

[14] 黄勇亮,陈伟华,关腾飞. 熟悉和基本安全. 广州:广东人民出版社,2009.